Teologia moral
aspectos históricos e sistemáticos

SÉRIE PRINCÍPIOS DE TEOLOGIA CATÓLICA

Teologia moral

aspectos históricos e sistemáticos

Gilberto Aurélio Bordini

Rua Clara Vendramin, 58 . Mossunguê
CEP 81200-170 . Curitiba . PR . Brasil
Fone: (41) 2106-4170
www.intersaberes.com
editora@intersaberes.com

Conselho editorial
Dr. Alexandre Coutinho Pagliarini
Drª Elena Godoy
Dr. Neri dos Santos
Dr. Ulf Gregor Baranow

Editora-chefe
Lindsay Azambuja

Gerente editorial
Ariadne Nunes Wenger

Assistente editorial
Daniela Viroli Pereira Pinto

Preparação de originais
Luiz Gustavo Micheletti Bazana

Edição de texto
Palavra do Editor
Natasha Saboredo

Capa e projeto gráfico
Iná Trigo (*design*)
Tatiana Kasyanova/Shutterstock
(imagem)

Diagramação
Bruna Jorge

Equipe de *design*
Sílvio Gabriel Spannenberg
Laís Galvão

Iconografia
Sandra Lopis da Silveira
Regina Claudia Cruz Prestes

1ª edição, 2019.
Foi feito o depósito legal.

Informamos que é de inteira responsabilidade do autor a emissão de conceitos.

Nenhuma parte desta publicação poderá ser reproduzida por qualquer meio ou forma sem a prévia autorização da Editora InterSaberes.

A violação dos direitos autorais é crime estabelecido na Lei n. 9.610/1998 e punido pelo art. 184 do Código Penal.

Dados Internacionais de Catalogação na Publicação (CIP)
(Câmara Brasileira do Livro, SP, Brasil)

Bordini, Gilberto Aurélio
    Teologia moral: aspectos históricos e sistemáticos/ Gilberto Aurélio Bordini. Curitiba: InterSaberes, 2019.
(Série Princípios de Teologia Católica)

    Bibliografia.
    ISBN 978-85-227-0044-8

1. Teologia moral I. Título. II. Série.

19-25894   CDD-241

Índices para catálogo sistemático:
1. Teologia moral: Cristianismo   241

Cibele Maria Dias – Bibliotecária – CRB-8/9427

Prefácio, 9
Apresentação, 13
Organização didático-pedagógica, 15

1   História da teologia moral, 19

1.1 A teologia moral como ciência, 22
1.2 História da teologia moral até o século XII, 36
1.3 História da teologia moral: século XIII, 42
1.4 História da teologia moral: séculos XIV ao XVIII, 46
1.5 História da teologia moral: séculos XIX e XX, 54

2   A moralidade da ação, 69

2.1 O ser humano criado à imagem e semelhança de Deus, 72
2.2 O fundamento das inclinações naturais e das tendências: o desejo humano, 74
2.3 A moralidade da ação, 85
2.4 Variações da ação moral, 92
2.5 Elementos, obstáculos e méritos das ações morais, 95

3	A liberdade, 109
3.1	As inclinações naturais ao bem e à verdade, 112
3.2	A inclinação natural à liberdade, 116
3.3	Tipos de liberdade, 119
3.4	Características da liberdade, 123
3.5	A liberdade dos filhos de Deus, 125

4	A lei moral, 133
4.1	A lei eterna, 138
4.2	A lei moral natural, 140
4.3	A lei nova, 145
4.4	A lei antiga, 148
4.5	A lei civil e a lei eclesiástica, 149

5	A consciência moral, 159
5.1	Consciência: definição e perspectivas, 162
5.2	Propriedades da consciência moral, 166
5.3	A divisão da consciência, 170
5.4	Causas dos erros da consciência moral, 173
5.5	Educação e formação da consciência, 179

6	As virtudes, o pecado e a conversão, 189
6.1	O que são virtudes?, 192
6.2	Divisão das virtudes, 195
6.3	O pecado, 206
6.4	Divisão dos pecados, 211
6.5	Conversão dos pecadores, 221

Considerações finais, 233
Lista de siglas, 235
Referências, 237
Bibliografia comentada, 243
Respostas, 245
Sobre o autor, 249

Aos meus pais Antonio e Adelia, que não chegaram a ver esta obra finalizada, dedico minha mais profunda gratidão por terem me ensinado a trilhar o caminho da fé cristã e a sempre terminar o que foi começado.

Agradeço aos meus irmãos pelo incentivo e espero permanecermos sempre unidos no ideal de nossos pais.

Agradeço ao professor Luís Fernando Lopes por ter atendido prontamente ao meu pedido para escrever o prefácio deste livro, com a sua dedicação e interesse.

Agradeço, por fim, aos seminaristas Matheus e Marcos, pela ajuda na formatação e na correção dos exercícios propostos.

Prefácio

Nenhum homem pode esquivar-se às perguntas fundamentais: **Que devo fazer? Como discernir o bem do mal?** A resposta somente é possível graças ao esplendor da verdade que brilha no íntimo do espírito humano, como atesta o salmista: "Muitos dizem: 'Quem nos fará ver o bem?' Fazei brilhar sobre nós, Senhor, a luz da vossa face" (Sal 4,7).

(*Veritatis Splendor*, n. 2)

O texto em epígrafe, extraído da carta encíclica *Veritatis Splendor*, de São João Paulo II, é uma excelente referência para iniciar o prefácio desta obra na qual o autor encara o desafio de abordar a doutrina moral da Igreja e explicá-la ao cristão do século XXI. As questões fundamentais às quais nos remete a epígrafe constituem-se interrogações basilares que, no horizonte da teologia moral fundamental, precisam ser respondidas à luz da fé e da revelação.

Abordar a teologia moral com clareza e objetividade sempre foi um desafio para os teólogos cristãos de todos os tempos. Em nosso tempo, esse desafio tornou-se ainda maior, dadas as condições atuais da existência humana, marcada pelo secularismo, pelo relativismo moral, pelo consumismo, pelo individualismo, pela egolatria, entre outras características que são próprias de nossa época, considerada pós-moderna.

Nesse contexto, a obra *Teologia moral: aspectos históricos e sistemáticos*, do Pe. Gilberto Bordini, traz ao estudante de teologia, ao clérigo, ao religioso, ao leigo, ao agente de pastoral e ao público interessado pelo tema de modo geral uma síntese completa e muito bem abalizada da teologia moral fundamental.

Ao longo do texto, o autor demonstra erudição e conhecimento das fontes da teologia, apresentando as bases da teologia moral, a partir da Sagrada, da Escritura da Tradição e do Magistério da Igreja. Também os principais autores já conhecidos na tradição eclesiástica são contemplados na obra e colaboram para qualificar o texto e dar-lhe densidade e profundidade.

Dessa maneira, o leitor, estudante da área ou não, poderá ter uma visão geral sobre o assunto e, ao mesmo tempo, entrar em contato com uma abordagem que possibilita o conhecimento da história e dos elementos sistemáticos que constituem a teologia moral. Assim, ela é apresentada como uma ciência racional, com fontes, objeto e método, mas com um princípio vindo da revelação, de modo que só pode ser explicada e entendida em relação à vida moral cristã.

Outro aspecto importante e que merece destaque na obra é a base filosófica da qual o autor lança mão ao longo das temáticas abordadas no decorrer do livro, a fim de explicitar aspectos centrais da moral fundamental. Desse modo, o autor realiza uma descrição didática e bem fundamentada dos conteúdos. Nesse sentido, esta obra apresenta-se como uma contribuição importante para professores e estudantes de teologia, bem como para agentes de pastoral e para todo cristão que procura viver com coerência à sua fé.

Como ciência que busca abordar o agir humano à luz da revelação, a teologia moral explicita os fundamentos para a vivência da fé em conformidade com a lei divina expressa na Sagrada Escritura e elucidada na tradição e no magistério da Igreja. Desconectada da fé e da revelação, a teologia moral perderia seu sentido e seria apenas mais um discurso ao lado de tantos outros que procuram refletir sobre o agir humano. Todavia, por ser uma reflexão que se apoia na inefável bondade de Deus, que manifesta seu amor, a teologia moral adquire uma importância central no conjunto da doutrina cristã, pois ela trata dos princípios fundamentais que norteiam o agir humano à luz da fé e da revelação, cujo ápice se dá no mistério da encarnação do Verbo.

> Chamados à salvação pela fé em Jesus Cristo, "luz verdadeira que a todo o homem ilumina" (Jo 1,9), os homens tornam-se "luz no Senhor" e "filhos da luz" (Ef 5,8) e santificam-se pela "obediência à verdade" (1 Pd 1,22).

(*Veritatis Splendor*, n. 1)

Paz e Bem!

Prof. Dr. Luís Fernando Lopes

Curitiba, 1º de fevereiro de 2019.

Apresentação

O objetivo deste livro é apresentar e aprofundar a teologia moral em seus diversos aspectos.

No primeiro capítulo, discutiremos a teologia moral como ciência, seu objeto de estudo, seu método e as fontes que a caracterizam. Trataremos da história da teologia moral e abordaremos o pensamento dos padres apostólicos, abrangendo a patrística, a escolástica, os concílios de Trento e do Vaticano II, o período pós-concílio e os dias atuais.

No segundo capítulo, versaremos sobre a moralidade da ação, examinando o que influencia nossas ações, como as inclinações naturais, as paixões, os sentimentos e as tendências. Em seguida, enfocaremos a moralidade da ação tendo como referência o objeto escolhido, as circunstâncias e a finalidade da ação.

No terceiro capítulo, analisaremos a liberdade como uma inclinação natural de todos os seres humanos. Descreveremos os tipos de liberdade e suas características, finalizando com o conceito da liberdade dos filhos de Deus.

No quarto capítulo, apresentaremos a lei moral, que se divide em: lei eterna, que rege a criação; lei natural, que corresponde à participação do ser humano na lei eterna; e lei nova, também conhecida como *lei do amor, lei do espírito santo* ou *lei evangélica*. Veremos também as leis antiga, civil e eclesiástica.

No quinto capítulo, trataremos da consciência – suas características, propriedades, definição e perspectivas atuais –, assim como de sua divisão e das causas dos erros de consciência. Por fim, discutiremos a educação e a formação da consciência.

No sexto capítulo, enfocaremos as virtudes e sua definição. Abordaremos a divisão das virtudes em humanas ou adquiridas e sobrenaturais ou infusas, bem como discutiremos a definição de pecado e sua divisão em mortais e veniais. Também faremos uma análise do que é a conversão para a teologia moral.

Organização didático-pedagógica

Esta seção tem a finalidade de apresentar os recursos de aprendizagem utilizados no decorrer da obra, de modo a evidenciar os aspectos didático-pedagógicos que nortearam o planejamento do material e como o aluno/leitor pode tirar o melhor proveito dos conteúdos para seu aprendizado.

Introdução

Logo na abertura do capítulo, você é informado a respeito dos conteúdos que nele serão abordados, bem como dos objetivos que o autor pretende alcançar.

Síntese

Você conta, nesta seção, com um recurso que o instigará a fazer uma reflexão sobre os conteúdos estudados, de modo a contribuir para que as conclusões a que você chegou sejam reafirmadas ou redefinidas.

Indicações culturais

Nesta seção, o autor oferece algumas indicações de livros, filmes ou *sites* que podem ajudá-lo a refletir sobre os conteúdos estudados e permitir o aprofundamento em seu processo de aprendizagem.

OS ÚLTIMOS passos de um homem. Direção: Tim Robbins. Reino Unido/EUA: Fox Film do Brasil, 1995. 122 min.
O filme conta a história de irmã paulista Helen Prejean, que trabalha particularmente junto a pessoas que receberam uma sentença de morte e conhece Mathew Poncelet, condenado à morte por um crime brutal.

Atividades de autoavaliação

1. Acerca da consciência moral, é possível afirmar que ela:
   a) existe por meio da educação moral do bem e do mal e, nesse sentido, não faz parte da essência humana, mas é aprendida e aprimorada.
   b) é um sacrifício no qual a voz de Deus ressoa no homem; contudo, por uma má-formação, pode ser vencível, ou seja, corromper-se a ponto de não mais poder ajudar a humanidade.
   c) é parte integrante da mente, ou seja, está presente no processo de vida humana como um todo e dentro dela existe a falsca pura, a síndrese, que não pode ser corrompida pela vida social.
   d) é um juízo altamente abstrato que o ser humano faz conforme reflete, sendo uma forma pela qual a inteligência se manifesta, mas não ajuda no entendimento prático da ação.

2. Com relação às propriedades da consciência moral, é incorreto afirmar que ela:
   a) tem duas propriedades, sendo a luz da vida humana e constituída pelo hábito de emitir juízos.
   b) tem quatro características, sendo a primeira o fato de estar relacionada a todo ato livre, pois é ligada ao conhecimento intelectual.

⌐ Atividades de autoavaliação

Com estas questões objetivas, você tem a oportunidade de verificar o grau de assimilação dos conceitos examinados, motivando-se a progredir em seus estudos e a se preparar para outras atividades avaliativas.

Atividades de aprendizagem
Questões para reflexão

Leia a seguir um trecho do Catecismo da Igreja Católica.

II. A formação da consciência

1783. A consciência deve ser informada e o juízo moral esclarecido. Uma consciência bem formada é reta e verídica; formula os seus juízos segundo a razão, em conformidade com o bem verdadeiro querido pela sabedoria do Criador. A formação da consciência é indispensável aos seres humanos, submetidos a influências negativas e tentados pelo pecado a preferir o seu próprio e a recusar os ensinamentos autorizados.

1784. A formação da consciência é tarefa para toda a vida. Desde os primeiros anos, a criança desperta para o conhecimento e para a prática da lei interior reconhecida pela consciência moral. Uma educação prudente ensina a virtude; preserva ou cura do medo, do egoísmo e do orgulho, dos ressentimentos de culpabilidade e dos movimentos de complacência, nascidos da fraqueza e das faltas humanas. A formação da consciência garante a liberdade e gera a paz do coração.

1785. Na formação da consciência, a palavra de Deus é a luz do nosso caminho. Devemos assimilá-la na fé e na oração, e pô-la em prática. Devemos também examinar a nossa consciência, de olhos postos na cruz do Senhor. Somos assistidos pelos dons do Espírito Santo, ajudados pelo testemunho e pelos conselhos dos outros e guiados pelo ensino autorizado da Igreja.

⌐ Atividades de aprendizagem

Aqui você dispõe de questões cujo objetivo é levá-lo a analisar criticamente determinado assunto e aproximar conhecimentos teóricos e práticos.

Bibliografia comentada

Nesta seção, você encontra comentários acerca de algumas obras de referência para o estudo dos temas examinados.

FERNÁNDEZ, A. Diccionario de teología moral. Burgos: Monte Carmelo, 2005.
 Os escritos-chave de Aurelio Fernández sobre teologia moral: destaca-se esta, que na sua mais de dez mil verbetes, explicando a moral fundamental, a bioética e a questão social da Igreja.

GIRARDI, E. Storia della morale: interpretazione teologiche dell'esperienza cristiana. Bologna: EDB, 2003.
 Gira o questionamento dos seres-logos: discute reações em redor da história da teologia moral, desde o pensamento recente dos padres apostólicos até a atualidade.

HÄRING, B. A lei de Cristo. São Paulo: Herder, 1964. v. 1.
 Esse volume trata da moral fundamental na perspectiva da lei do amor trazida por Cristo, questionando a origem da pessoa, sua liberdade e sua consciência e diante o Deus se revelou e a resolveu a si-próprio.

1
História da teologia moral

Este capítulo, ao tratar da história da teologia moral, tem como objetivo especificar a moralidade natural que todo ser humano possui e sua relação com a moral revelada por Deus por meio de Jesus Cristo, o ápice dessa revelação.

Para falar de uma moralidade natural, é preciso discutir a moralidade revelada, a qual contém todos os aspectos que constituem uma ciência. É necessário, também, considerar essa moralidade como ciência de Deus, que, por sua vez, diferencia-se das ciências empíricas, pois, mesmo que tenha semelhanças quanto à estrutura, ao objeto, ao método e às fontes, distingue-se no que se refere ao tipo de conhecimento e à linguagem empregada. Abordaremos alguns aspectos da moral revelada por Deus quando examinarmos as fontes como a Sagrada Escritura, que é uma coisa só com a tradição (DV, n. 9) e o magistério, relacionado à moral natural preexistente no ser humano.

Apresentaremos o conceito de teologia moral e suas semelhanças e diferenças em relação à ética, bem como a trajetória da teologia moral, analisando seu desenvolvimento, suas mudanças e suas características ao longo dos períodos históricos.

1.1 A teologia moral como ciência

Para tratar da teologia moral como ciência, é preciso considerar que a moral faz parte da ciência teológica, isto é, da ciência sobre Deus, "que além de estudar as verdades da fé cristã também se ocupa do modo como o fiel em Cristo se comporta, pois o cristão não só crê, também vive" (Fernández, 2004, p. 14), reportando a uma coerência de vida entre aquilo em que o fiel acredita e o modo como pauta sua vida.

A natureza da teologia moral pode ser explicada e entendida somente em relação à vida moral cristã, que está ligada aos fatos históricos da revelação. Esta consiste na autocomunicação de Deus, que se revela ao homem por meio de Cristo, modelo de ser humano moralmente perfeito, e espera dele uma resposta livre diante dessa revelação.

Dessa forma, a teologia moral passa a ser uma ciência racional, com características humanas, mas com um princípio vindo da revelação, considerando-se que "a teologia moral é a parte da teologia que, partindo da fé revelada, reflete sobre como e por que o cristão deve viver de um determinado modo com a finalidade de alcançar a bem-aventurança feliz" (Fernández, 2004, p. 16).

Nessa definição encontramos elementos que caracterizam a **moral revelada**, mostrando o modo como o cristão deve viver e agir por meio do seguimento e da imitação de Cristo, entendendo-se que a vida moral cristã é a vida humana em Cristo. Assim, configura-se uma moral por meio da imitação e do seguimento de Jesus Cristo.

Partindo dos princípios vistos, podemos afirmar que a teologia moral procura responder aos problemas existenciais, abarcando "toda vida do homem, pois a eticidade é própria da pessoa, não só de alguns aspectos da sua vida" (Fernández, 2004, p. 16). Toda essa existência alcança a moralidade, que, com a vida em Cristo, torna-se "a vida moral cristã, a vida do homem em Cristo, ou mais exatamente a vida do homem como Filho de Deus em Cristo por meio do Espírito Santo" (Luño; Colom, 2008, p. 13, tradução nossa). Há, assim, uma moral com característica trinitária vinda da revelação, a qual constitui "um dom de Deus, recebido inicialmente com a fé e o batismo, que requer, porém, a livre aceitação e colaboração da parte do homem" (Luño; Colom, 2008, p. 13, tradução nossa).

Desse modo, com o batismo nos incorporamos a Cristo e nos tornamos filhos de Deus pelos méritos de sua paixão e ressurreição, que nos deu novamente esta vida com Deus. A teologia moral tem uma ligação com a filiação divina, em que "a fé em Cristo e o batismo operam uma mudança completa no homem, alargando o dom de uma vida nova, participação real da mesma vida do Filho de Deus" (Luño; Colom, 2008, p. 14, tradução nossa).

Esse modo de pensar nos leva a uma identificação com Cristo como ser humano perfeito, inclusive moralmente, tendo como consequência a imitação de seus sentimentos e ações. Além disso, leva-nos "a desenvolver e a exprimir com as obras e nas obras a vida divina que há em nós comunicada com a graça e a caridade do Espírito Santo" (Luño; Colom, 2008, p. 14-15, tradução nossa).

Vimos até agora, nessa perspectiva da moral como ciência, a moral revelada, vinda de Deus em Cristo e inspirada pelo Espírito Santo, mas existe também a **moral natural**, que tem como fundamento as experiências morais, de modo que "existe uma experiência e uma reflexão ética anterior ao cristianismo e independente da revelação veterotestamentária (quando se pensa, por exemplo, na ética aristotélica), porque o homem é, por sua condição natural, um ser moral e, portanto, capaz de aprender por si a distinção entre o bem e o mal" (Luño; Colom, 2008, p. 18, tradução nossa).

Vamos considerar a moral natural na perspectiva da *Ética a Nicômaco*, na qual, por meio de uma filosofia natural, Aristóteles pensa na ação humana tendo como referência seu interior e suas capacidades psíquicas para buscar na prática suas relações éticas.

Como Aristóteles mostra em sua obra, "cada homem julga corretamente os assuntos que conhece, e é um bom juiz de tais assuntos. Assim, o homem instruído a respeito de um assunto é um bom juiz em relação ao mesmo. E o homem que recebeu uma instrução global é um bom juízo em geral" (Aristóteles, 1985 p. 18).

Dessa forma, a parte humana da moral é entendida como a parte filosófica, que constitui uma **moral externa**, como o ato de dar esmola: sempre vemos a ação de uma pessoa entregando a esmola e a essa ação externa chamamos *ética* ou *moral subjetiva*, a qual se apresenta externamente no ser humano. Há também uma **moral interna**, que é caracterizada pela revelação de Deus em Cristo ao ser humano, sendo uma moral objetiva, por meio da qual ele recebe de Deus as indicações para agir de modo a se assemelhar mais a Cristo. Assim, o exemplo supracitado seria uma ação mais interna, ou seja, internamente a pessoa pensa em dar esmola a quem precisa e, por meio desse gesto, crescer na virtude da caridade, demonstrando o seguimento e a imitação de Cristo.

Ainda segundo esse raciocínio da moral natural, não podemos perder de vista a importância das experiências humanas. Elas fazem que nossas ações adquiram uma qualidade moral.

Estamos nos referindo às experiências adquiridas ao longo da vida em relação à solução de problemas. Isso é objeto de reflexão teórica, como apresenta Jean-Louis Bruguès[1] em sua definição sobre a experiência, entendida como uma "competência (*perítia*) que o homem obtém do perigo no qual incorre (*periculum*)" (Bruguès, 2004a, p. 68, tradução nossa). As experiências, obtidas a partir de erros com que aprendemos e que não cometemos mais ou de acertos que aperfeiçoamos ao longo da vida, "estabelecem um legado entre isto que pertence à memória e o que diz respeito ao futuro: designa de fato um saber prático que, adquirido, passando através dos eventos vividos, apresenta a capacidade de ser previdente" (Bruguès, 2004a, p. 68, tradução nossa).

Com base nesses elementos que formam a teologia moral, como a moral revelada, a moral natural e as experiências do agir humano, a teologia moral teve a necessidade de documentar-se para ser uma ciência, principalmente uma ciência humana, a qual "mostra a amplitude do agir humano e sua extraordinária variedade; obriga a recolocar constantemente em discussão a pertinência da teoria que elabora" (Bruguès, 2004, p. 70, tradução nossa).

Esse documentar-se tem relação com os atos do ser humano e suas experiências, as quais determinam o modo científico do pensamento moral, que, por sua vez, apresenta divergências em relação às ciências em geral. Na visão de Servais Pinckaers[2], as divergências se mostram na "resposta clássica já formulada por Aristóteles, que é a seguinte: as ciências em geral têm como fim direto a apreensão da verdade, o saber, o progresso do conhecimento, são teóricas" (Pinckaers, 1988, p. 82-83, tradução nossa) e "a moral também proporciona um conhecimento, sem dúvida, mais prático; seu fim é produzir uma obra, a ação humana. É diretiva e normativa" (Pinckaers, 1988, p. 83, tradução nossa).

---

1 Bispo de Nevers, na França. Membro da Comissão Teológica Internacional. Foi professor de Teologia Moral na Universidade de Friburgo, na Suíça.

2 Frei dominicano belga que, no fim da década de 1950, proclamava uma renovação da teologia moral por meio da Sagrada Escritura, da tradição e do magistério da Igreja. Faleceu em 2008 (Bordini, 2011).

Sabemos que o que determina uma ciência são os pressupostos que a caracterizam como tal, como o objeto de estudo que ela se propõe a estudar; a utilização de um método que facilite o conhecimento desse estudo; e suas fontes, que dão a garantia de que se trata de uma ciência. Estes são pressupostos de toda e qualquer ciência, mas a ciência moral diferencia-se no caráter prático, porque as ações morais se mostram na ação, no movimento, diferentemente das ciências positivas[3], que apresentam um resultado teórico, exato, sem questionamento, como no caso da matemática, e das ciências empíricas[4], no âmbito da filosofia inglesa, que vai do século XVI ao século XVIII, aproximadamente.

O método tem a função de definir o tipo de estudo que se emprega para aprofundar, neste caso, a ciência moral e a ciência positiva, determinando o plano de atuação de cada uma ou "afirmando que a primeira considera os atos humanos a partir da interioridade dinâmica do homem por meio da reflexão, enquanto a segunda contempla a partir do exterior mediante o método da observação que lhe é próprio" (Pinckaers, 1988, p. 109, tradução nossa).

Depois de esclarecer a diferença entre as ciências e a ciência moral, cabe agora apresentar os elementos que fazem parte da ciência moral, como seu objeto, seu método e suas fontes.

---

3 "O positivismo reivindica o primado da ciência: o único conhecimento válido é o científico; o único método para adquirir conhecimento é o das ciências naturais" (Reale, 2007, p. 287). O positivismo foi fundado por Auguste Comte (1798-1857), para quem o conhecimento passa por três estados: o teológico ou fictício; o metafísico ou abstrato; e o positivo ou real, que se caracteriza como definitivo. Nele, a imaginação fica subordinada à observação (Marías, 2004, p. 387).

4 Um dos expoentes do empirismo, depois de Francis Bacon, é John Locke (1632-1704). Para ele, a origem do conhecimento é a experiência. Ele emprega a palavra *ideia* para expressar o conhecimento. Segundo Locke, ideia é tudo o que se pensa ou se percebe, tudo é conteúdo da consciência (Marías, 2004, p. 277).

1.1.1 Objeto da teologia moral

O objeto da teologia moral são os **atos humanos**, ou seja, que fazemos durante nossa vida e que passam por um julgamento moral por serem voluntários, procedentes da vontade livre de cada ser humano.

Em nossas ações, podemos distinguir um objeto material e um objeto formal. O **objeto material** é a atividade do ser humano e do cristão enquanto atividade de uma criatura humana, redimida, que tem capacidade e está destinada a uma atividade essencialmente livre (Mausbach, 1957, p. 19).

O **objeto formal** é este mesmo agir na qualidade de desenvolvimento do ser humano e do cristão em relação às obrigações morais estabelecidas pela teologia moral (Mausbach, 1957, p. 19).

Dessa forma, podemos afirmar que os atos humanos constituem o objeto material (a ação em si), a matéria da teologia moral, originária da vontade livre do ser humano. É o agir externo que se vê, por exemplo, na doação do dinheiro ao necessitado.

O objeto formal é toda a eticidade que o ser humano emprega para agir, ou seja, é toda a sua vida e não só alguns aspectos. Envolve, pois, toda a sua natureza social. É o desenvolvimento da ação do homem em relação às normas de convivência, isto é, como ele deve agir. No exemplo apresentado, a atitude interna de dar a esmola segue um preceito de caridade da Igreja e é motivada pela intenção de fazer o bem a alguém.

1.1.2 Método da teologia moral

O método da teologia moral é o **reflexivo**, pois nela se reflete sobre o objeto da ação, isto é, os atos humanos. Refletir, nessa perspectiva, é pensar na ação feita e emitir sobre ela um juízo de valor moral.

Nessa linha de pensamento, destaca-se a carta encíclica *Veritatis Splendor* (Esplendor da Verdade), a qual afirma que a teologia moral é "uma ciência que acolhe e interroga a Revelação divina e, ao mesmo tempo, responde às exigências da razão humana" (VS, n. 29), mostrando a especificação do método ao fazer uma reflexão científica "sobre o **Evangelho como dom e mandamento da vida** nova, sobre a vida 'segundo a verdade na caridade' (Ef 4,15), sobre a vida de santidade da Igreja, na qual resplandece a verdade do bem, levado até a sua perfeição" (VS, n. 110, grifo do original).

Na verdade, essa especificação do método reflexivo tem a ver com a vida do ser humano em sua totalidade, suas ações em relação aos outros e a crença que professa em relação a Deus:

> A teologia moral é uma reflexão que se refere à "moralidade", ou seja, ao bem e ao mal dos atos humanos e da pessoa que os realiza, e neste sentido está aberta a todos os homens; mas é também "teologia", enquanto reconhece o princípio e o fim do agir moral n'Aquele que "só é bom" e que, doando-Se ao homem em Cristo, lhe oferece a bem-aventurança da vida divina. (VS, n. 29)

Podemos concluir que o método na teologia moral tem a finalidade de unir os dois aspectos da vida moral: a moral subjetiva, de caráter externo, com a moral revelada, que é objetiva e interna.

1.1.3 Fontes da teologia moral

As fontes da teologia moral são as mesmas da teologia, que são a **Sagrada Escritura** e unida a ela a **tradição** – uma coisa somente (DV, n. 9) – e o **magistério da Igreja**, caracterizando-se assim as fontes primárias, essenciais para a formação da ciência moral.

Existem também as fontes secundárias, que ajudam na constituição da ciência moral, mas de um modo indireto, como a filosofia, a antropologia, a sociologia e as outras áreas da teologia.

1.1.3.1 A Sagrada Escritura

Para tratar da Sagrada Escritura como fonte da teologia moral, é preciso reportar ao tema da revelação divina, que é o fundamento da Sagrada Escritura e que reafirma uma moral vinda da revelação de Deus em Cristo, fundamento dessa revelação.

Esse é o pensamento da Pontifícia Comissão Bíblica, que em 2008 publicou um documento sobre Bíblia e moral partindo das raízes bíblicas do agir humano e reafirmando que a moral é fundamentada na revelação. Conforme o documento,

> Num primeiro tempo, por fidelidade ao movimento de fundo da Escritura na sua totalidade, introduziremos o conceito, talvez não habitual, de "moral revelada". Para a nossa exposição, é um conceito-chave. Para chegar a falar de "moral revelada" é preciso livrar-nos de algumas pré-compreensões correntes. Enquanto se reduzir a moral a um código de comportamento individual e coletivo, a um conjunto de virtudes a praticar ou também aos imperativos de uma lei natural considerada universal, não se pode perceber suficientemente toda a especificidade, a bondade e a atualidade permanente da moral bíblica. (Pontifícia Comissão Bíblica, 2008, n. 4)

A Pontifícia Comissão Bíblica parte do princípio de que a moral não é somente um código de normas ou leis, como foi no Antigo Testamento e, depois, na casuística, mas passa pelo contexto da revelação. Primeiro, na aliança de Deus com seu povo, exige uma fidelidade de vida às suas promessas. Depois, no Novo Testamento, Deus mostra a plenitude de sua revelação em seu filho, Jesus Cristo, que traz consigo uma nova modalidade de lei: a lei do amor.

É evidente que pela revelação ocorre a transmissão da Sagrada Escritura, a qual vem por meio da Sagrada Tradição. A Escritura como a tradição têm a mesma fonte de inspiração: o Espírito Santo (Luño; Colom, 2008, p. 34). Assim, podemos afirmar que "a revelação divina na Bíblia e na tradição da Igreja é a fonte na qual o teólogo da moral vai buscar o conhecimento de valores e normas morais" (Konzen, 2007, p. 12).

Nesse sentido, a Sagrada Escritura, "escrita por inspiração divina e entregue à Igreja, deve ser lida e compreendida como foi lida e interpretada pela Igreja" (Luño; Colom, 2008, p. 34, tradução nossa).

1.1.3.2 A tradição

Não se pode entender a tradição sem a revelação, que é transmitida pela tradição e pela Sagrada Escritura. A tradição foi fiel aos ensinamentos de Cristo, ápice da revelação em Deus.

Dessa forma, caracteriza-se pelo ensinamento dos apóstolos a seus sucessores, os padres apostólicos[5]. Os apóstolos ensinaram tudo o que aprenderam de Cristo, sem alterações, chegando esse ensinamento até nós do mesmo modo que aprenderam de Cristo.

Segundo a constituição dogmática *Dei Verbum*,

> A pregação apostólica, que se exprime de modo especial nos livros inspirados, devia conservar-se, por uma sucessão contínua, até a consumação dos tempos. Por isso, os Apóstolos, transmitindo o que eles mesmos receberam, advertem os fiéis a que observem as tradições que tinham aprendido, quer por palavras, quer por escrito (cf. 2Tes 2,15), e a que lutem pela fé recebida de uma vez para sempre (cf. Jud 3). Ora, o que foi transmitido pelos apóstolos abrange tudo quanto contribui para a vida santa do Povo de Deus

---

5 São denominados *padres apostólicos* os discípulos imediatos dos apóstolos desde o fim do século I, entrando no século II. Por sua proximidade com as fontes dos Evangelhos e a vida dos apóstolos, são de excepcional importância para o conhecimento da doutrina e da práxis moral na primeira época do cristianismo (Fernández, 2004, p. 990).

e para o aumento da sua fé; e assim a Igreja, na sua doutrina, vida e culto, perpetua e transmite a todas as gerações tudo aquilo que ela é e tudo quanto acredita. (DV, n. 8)

A tradição é uma realidade viva, presente não somente como fato histórico, mas também como atualização da pregação dos apóstolos e do ensinamento de Cristo. A pregação dos apóstolos e seus sucessores tinha a ajuda do Espírito Santo. Como complementa a *Dei Verbum*,

Esta tradição apostólica progride na Igreja sob a assistência do Espírito Santo. Com efeito, progride a percepção tanto das coisas como das palavras transmitidas, quer mercê da contemplação e estudo dos crentes, que as meditam no seu coração (cf. Lc 2,19.51), quer mercê da íntima inteligência que experimentam das coisas espirituais, quer mercê da pregação daqueles que, com a sucessão do episcopado, receberam o carisma da verdade. Isto é, a Igreja, no decurso dos séculos, tende continuamente para a plenitude da verdade divina, até que nela se realizem as palavras de Deus. (DV, n. 8)

A tradição, portanto, colaborou, por meio da pregação dos apóstolos e de seus sucessores, para o desenvolvimento, na vida cotidiana do cristão, de todo o ensinamento de Cristo, sem qualquer modificação, sendo fiel à revelação dada por Deus.

1.1.3.3 O magistério da Igreja

O papel do magistério da Igreja é especificado pela constituição dogmática *Dei Verbum*. De acordo com o documento,

A sagrada Tradição e a Sagrada Escritura constituem um só depósito sagrado da palavra de Deus, confiado à Igreja; aderindo a este, todo o povo santo persevera unido aos seus pastores na doutrina dos Apóstolos e na comunhão, na fracção do pão e na oração (cf. Act 2,42 gr.), de tal modo que, na conservação, atuação e profissão da fé transmitida, haja uma especial concordância dos pastores e dos fiéis. (DV, n. 10)

Sabemos que o magistério da Igreja tem a função de guardar e preservar os ensinamentos recebidos pelos apóstolos e seus sucessores, os quais, chegando até nós, são uma referência para nossa conduta para que não nos desviemos do caminho e não fiquemos perdidos com ideias ou teorias que levem a um comportamento incoerente com a moral revelada em Cristo.

Por isso, a competência do magistério, em matéria de moral, está ligada à vida da Igreja, cuja moral cristã não é somente um afazer da consciência pessoal, mas faz dos homens os membros do Corpo de Cristo, que é a Igreja, em que há uma diversidade de ministérios regidos pelo Espírito Santo e ordenados para a caridade, o bem comum e a fidelidade em Cristo (Luño; Colom, 2008, p. 38).

O magistério da Igreja apresenta duas tarefas: a primeira diz respeito ao ensinamento da doutrina moral recebida de Cristo, e a segunda consiste na defesa e na proteção contra os erros que colocam em perigo a vida moral cristã (Luño; Colom, 2008).

Assim, o magistério da Igreja, nas questões morais, não é um sensor implacável que apita por um ruído qualquer, mas quando se formulam teses que, pelo mau uso da liberdade, vão contra as indicações e os ensinamentos vindos da revelação e da tradição, a fim de garantir um comportamento que seja coerente para o cristão, de modo que suas ações reflitam a fé que professa.

1.1.4 Relação entre ética e moral

Ética e moral têm a mesma significação, embora uma derive do grego e outra do latim. A palavra *ética* procede do termo *éthos* e quer dizer "ciência dos costumes"; o mesmo cabe dizer de *moral*, que vem do termo latino *mos*, que significa "costume".

Na etimologia grega, há dois termos que têm a mesma raiz semântica: *éthos* (com a letra épsilon) e o *êthos* (com a letra eta). O termo *éthos* significa "costume", referindo-se aos costumes que regem a comunidade. São aqueles princípios de convivência que guiam a vida da pólis. Faz referência às normas gerais de conduta (Vaz, 1988, p. 12-13).

O termo *êthos* tem uma tendência mais para a individualidade, mas originalmente deriva de uma aceitação primitiva que significa "residência" ou "o lugar habitual em que se habita". Desde Aristóteles, esse termo alude ao caráter ou modo habitual de ser. O termo tem mais ressonância individual que social, pois faz referência à personalidade: seria o conjunto de qualidades que distingue uma pessoa e que cria nela um hábito de conduta (Vaz, 1988, p. 14-16).

Na etimologia latina, usa-se somente um termo para expressar essa dupla aceitação: *mos* ou *moris* significa "costume ou inclinação natural a fazer algo", e *moral* se define como "ciência dos costumes" (Tomás de Aquino, 2005a, I-II, q. 58, a. 1).

Podemos entender que a ética faz referência etimológica aos costumes e ao caráter ou modo de ser. Contudo, sem prejuízo de que se deva julgar e ajudar na criação dos costumes, tanto individuais como sociais, na linha de São Tomás de Aquino, a moral se ocupará, preferencialmente, da personalidade ou do modo de ser moral, denominado *virtude moral*. Essa qualidade, na linguagem moderna, é uma ressonância grega, chamada de *ethos*, e, mais que conduta, evoca a fidelidade e a retidão da inclinação natural ou quase natural a atuar.

A ética ou moral, com idêntica significação, estudará os princípios que orientam a consciência na busca da eleição e da execução do bem. "O objeto da filosofia moral é a atividade humana enquanto está orientada ao fim, ou também o homem enquanto, de modo voluntário e livre, atua por um fim" (Tomás de Aquino, 2010, p. 62, tradução nossa).

Ambas as determinações podem ser entendidas desde sua etimologia como termos unívocos, de modo que podemos usá-las indistintamente. É certo que, se nascem com a mesma significação, no curso da história receberão conteúdos diversos.

Assim, a palavra *ética* se reservará para a ciência filosófica, com maior referência à chamada *ética natural*, enquanto o termo *moral* se aplicará às éticas religiosas e, no Ocidente, será identificada com a moral cristã.

Desse modo, a filosofia dedicou amplo espaço ao estudo dos problemas éticos e a ética teve um tratamento racional, baseado na normativa que surgia da própria natureza humana. A moral, ao contrário, evocava as exigências religiosas que se imporiam na conduta humana. O resultado foi que ética e moral respondiam a dimensões distintas da existência humana e, ao mesmo tempo, tinham planejamentos e métodos diversos.

Em nossa época, voltou-se às fontes da significação etimológica e usa-se com o mesmo valor ambos os vocábulos, que se aplicam sem distinção à moral de origem religiosa e à filosofia. Hoje, utilizam-se indistintamente os termos *ética* ou *moral cristã*. Fala-se até mesmo em *moral do Novo Testamento*.

Afirmada a sinonímia[6] dos termos *ética* e *moral*, é preciso marcar a distinção entre *ética* e *teologia moral*. A ética é a parte da filosofia que estuda os atos morais por meio da razão. Como disciplina filosófica, diferencia-se da teologia moral em duplo sentido:

- **pelo método**: a ética usa exclusivamente o método racional, enquanto a teologia moral deriva da revelação;
- **pelo fim**: a ética, como parte da filosofia, busca que a existência esteja de acordo com os postulados da razão natural, enquanto a teologia moral tende a alcançar o fim sobrenatural do ser humano.

---

6 Referente a palavras que são sinônimas, isto é, que têm significado semelhante.

Em consequência, a teologia moral parte dos testemunhos oferecidos pela fé, e seu fim deve ajustar-se às exigências que sobre a conduta marcam os dados revelados (Fernández, 1992, p. 50-51).

Dessa forma, podemos afirmar que a ética é a parte racional da ação que se mostra na práxis, podendo-se observar sua execução, enquanto a moral envolve a fé, é uma ação pensada interiormente, que não se vê e que impulsiona a razão para a execução dessa ação que se torna práxis (teoria e prática).

1.1.5 Conceito de teologia moral

Para conceituar a teologia moral, é preciso levar em consideração todos os aspectos que a caracterizam. Entre eles está o fato de ser uma ciência que necessita de um objeto de estudo – no caso, os atos humanos, ligados aos atos voluntários e livres que constituem toda a vida do homem – e cujo objetivo principal é direcionar a ação humana para seu fim último, chamando a um conhecimento de Deus, que se torna o destino e o fim de toda ação moral.

Essas ações perfeitas executadas pelo ser humano têm o apoio da graça, das virtudes e dos dons do Espírito Santo. São as virtudes teologais e morais as vias principais que acompanham o homem na direção e contemplação de Deus.

E, por fim, é preciso ter em conta a luz da revelação e da razão, ou seja, que a Sagrada Escritura e a fé não são obstáculos para o uso da razão na teologia, entendendo-se que, juntas, fé e razão constituem o fundamento da moral (Pinckaers, 1988, p. 31-38).

Apresentamos, a seguir, uma definição que engloba os elementos essenciais que especificam a teologia moral cristã:

> A teologia moral é aquela parte da sabedoria teológica que estuda as ações humanas para ordená-las à visão amorosa de Deus como felicidade suprema e fim último do homem, sob a motivação das virtudes teologais e morais, em particular da caridade e da justiça, com os dons do Espírito Santo, através das experiências das condições humanas como o sofrimento e dos mandamentos que nos indicam as vias de Deus. (Pinckaers, 1988, p. 31, tradução nossa)

Esse conceito abarca todo o ensinamento da teologia moral como parte da ciência teológica e a caracteriza como uma ciência especulativa que, ao mesmo tempo, está unida à ciência de Deus e mostra-se pela revelação em Cristo, caminho da felicidade e fim último do homem.

1.2 História da teologia moral até o século XII

Aqui o objetivo é apresentar os fatos mais importantes que contribuíram para a construção da teologia moral e que a constituíram como a ciência das ações humanas e da resposta para o problema existencial do ser humano.

A história moral pode ser entendida com base nos pressupostos da fé revelada em Cristo, em seu seguimento e em sua imitação apresentada pelo ensinamento moral dos padres apostólicos por meio de suas catequeses e da interpretação da Sagrada Escritura, sobretudo do Novo Testamento.

Veremos os principais autores morais da patrística e o período da escolástica, determinada como uma moral mais racional, influenciada pela racionalidade ética da filosofia aristotélica e aprofundada por São Tomás de Aquino.

Nesse período, surgiu a figura do nominalismo idealizado por Guilherme de Ockham e, por meio dessa doutrina, a teologia moral passou a ser uma ciência jurídica, preocupada com o cumprimento das normas. Após o nominalismo, a moral passou a procurar uma especificação cristã que a caracterizasse como uma moral revelada.

A busca pela especificação cristã da moral ganhou força com o retorno da fundamentação bíblica e principalmente com o Concílio Vaticano II e a constituição pastoral *Gaudium et Spes* (Alegria e Esperança).

Nos próximos capítulos, analisaremos as ideias atuais sobre essa especificação cristã da teologia moral associada a temas como a moral das virtudes, a moral vinculada à filiação divina e a moral da primeira pessoa.

1.2.1 Os padres da Igreja

O período que se iniciou com os padres apostólicos e passou pelos padres apologistas e pelos padres do Oriente e do Ocidente é denominado **patrística** e estendeu-se até o século XII. A patrística é a ciência teológico-histórica que estuda as obras, a doutrina e a vida dos santos padres, abarcando um amplo período da literatura cristã.

Em seus escritos, podemos destacar algumas ideias que são a base de seus ensinamentos sobre a moralidade cristã. Essas ideias encontram-se nos comentários das Escrituras, nas composições de suas obras que apresentam uma estrutura catequética e nas obras que tratam dos mais diversos problemas morais.

Os padres apostólicos são assim chamados por causa de seus escritos, que vão do fim do século I até a metade do século II e expressam uma fidelidade à pregação dos primeiros apóstolos, dando continuidade aos seus ensinamentos (Gerardi, 2003, p. 53).

Nesse período, destaca-se Santo Inácio de Antioquia (c. 60/70-110/120), que apresenta a vida cristã como uma vida de união com Cristo, a qual se materializa no seguimento e na imitação de Cristo, sendo que a moral se concretiza na força de graça vinda de Cristo (Gerardi, 2003, p. 58).

Outro aspecto desse período são os preceitos da *Didaqué*, isto é, os ensinamentos catequéticos deixados pelos apóstolos e compilados por um autor anônimo. O texto inicia-se com um tema moral sob o símbolo de dois caminhos: "Dois caminhos há, um da vida e o outro da morte; porém, grande é a diferença que há entre estes caminhos. Pois bem, o caminho da vida é este: em primeiro lugar, amarás a Deus que te criou; em segundo lugar, o teu próximo como a ti mesmo" (Didaqué, 1986, p. 21).

Também é desse período a obra *O pastor de Hermas*, constituída de cinco visões apresentadas pelo autor, como tipos de conduta que o cristão deve ter em relação à revelação, doze preceitos e dez parábolas de aconselhamento.

No século II, surgiram os padres apologistas. Em seus escritos, os autores defendem a verdade da fé diante dos ataques, principalmente dos pagãos (Gerardi, 2003, p. 67).

Nesse período, são conhecidas as intervenções de São Justino, que recorre às parábolas a fim de ensinar que alguns receberam graças especiais de Deus para levar uma vida digna seguindo o Evangelho, destacando-se, assim, a força da mensagem cristã contra o perigo da condenação (Fernández, 1992, p. 307).

É também desse período Santo Irineu de Lion, "que retoma a ideia da totalidade do desígnio divino, da origem divina, ao complemento da redenção" (Gerardi, 2003, p. 77, tradução nossa).

No século III, destaca-se Clemente de Alexandria, com a obra *O pedagogo*, considerado o primeiro manual de teologia moral, escrito em três volumes: o primeiro trata da moral fundamental e os outros dois se dedicam a temas variados referentes a uma moral especial (Fernández, 1992, p. 310).

Encontramos ainda a figura de Orígenes, que propõe como agir moral a imitação de Deus, seja na vida contemplativa, seja na ativa. Ele defende que o esforço ascético não seja um fim em si mesmo, mas sirva para purificar a alma: os valores, a fuga do mundo, da pobreza voluntária e o desprezo das honras do mundo (Gerardi, 2003, p. 92).

Em Tertuliano, há uma tomada de posição acerca de diversos problemas práticos e momentos da vida do cristão, como a castidade e o matrimônio, a segunda união, os espetáculos e uma participação desonesta do poder político (Gerardi, 2003, p. 97-100).

No fim do século III, destaca-se São Cipriano, que defende uma filosofia moral, aprofundando o tema sobre o ato humano com seus motivos e critérios (Gerardi, 2003, p. 101).

A partir do século IV, a teologia moral começou a se estruturar em um estudo sistemático, mediante comentários da Escritura com a ajuda do pensamento ético greco-romano, mais precisamente de Platão, e vinculado ao testemunho de bispos e monges.

No Oriente, o pensamento moral de São Basílio foi colocado nas exigências batismais, entendendo-se que o bem enraíza-se no ser humano mediante a ação do Espírito Santo.

No Ocidente, encontramos o pensamento de Santo Ambrósio, cuja obra De officiis, baseada em Cícero, é considerada o primeiro manual de teologia moral que reúne a doutrina moral e a aplicação prática, fundamentando sua moral em duas fontes: a razão e a revelação. Sua maior preocupação foi com o pecado em relação à consciência.

Na obra de Santo Agostinho, não há um manual de teologia moral, mas tratados com capítulos específicos dessa disciplina. O ponto central de sua teologia moral é o amor, que se fundamenta na caridade cristã e conclui a ação moral. Inclui também o tratado das virtudes morais, no qual o autor considera as quatro virtudes cardeais sob o prisma da caridade.

O problema moral em Santo Agostinho é elucidado entre a consciência pessoal e a lei eterna, ou seja, o querer de Deus e o cumprimento de sua vontade. O tema central de sua doutrina moral é a relação entre graça e liberdade e faz uma referência cristocêntrica da existência cristã em direção a uma vida moral, tendo como ponto de referência a vida de Cristo.

Em São Gregório Magno, que trafegou pelos séculos IV e V (540-604), a moral não é uma exposição casuística, mas um ensinamento pessoal, no qual está estampado o magistério do pastor que guia os fiéis, preocupando-se com o homem concreto de seu tempo. Sua obra *I moralia, Il líber regulae pastoralis*[7] revela uma extraordinária experiência do conhecimento do homem, psicológica e espiritual, e insiste particularmente sobre os deveres do sacerdote (Fernández, 1992, p. 318-329).

Entre os séculos V e XII, a teologia moral esteve vinculada ao ensinamento dos bispos, dos padres da Igreja e à espiritualidade vinda dos mosteiros.

A teologia dos padres é substancialmente uma teologia da perfeição, que indica o exercício das virtudes, sobretudo da caridade, como meio para se chegar a um fim. É uma teologia inspirada na Escritura e que fazia um esforço contínuo para converter os pagãos.

A teologia moral vinculada à espiritualidade dos mosteiros é uma teologia concebida a partir da humildade e da simplicidade que se tornou sensível aos argumentos morais e espirituais com uma perspectiva ascética e mística (Gerardi, 2003, p. 155).

---

[7] Moral, o livro de regras pastorais.

Destaca-se nesse período São Beda, o Venerável, que em seus escritos confere particular importância aos comentários da Sagrada Escritura com uma exegese do tipo alegórica e moral (Gerardi, 2003, p. 168).

Em São Máximo, o Confessor, os obstáculos para uma vida de perfeição derivam do pecado da carne. Porém, o cristão pode vencer as tentações com a vigilância, a paciência, a oração e, principalmente, com a graça de Deus (Gerardi, 2003, p. 173).

Entre os séculos VII e XII, surgiram os livros penitenciais, que continham, ordenadamente, a lista de pecados que ajudavam os confessores em ordem a emitir as penitências adequadas para cada pecado. Os livros penitenciais também resumiam a doutrina moral da época.

Chegamos então aos séculos X, XI e XII, quando a teologia moral ganhou valor com o desenvolvimento da vida monástica, destacando-se nomes como São Pedro Damião, que tinha a preocupação com a espiritualidade do clero, e Santo Anselmo D'Aosta, que apresenta sua ideia moral do ponto de vista da reflexão sobre a bondade moral e sua relação com a liberdade.

Nesse período, surgiu, ainda, a tradição beneditina, com a Escola de Cluny, que não deixou uma produção literária maior porque os monges, mais do que escrever, liam. Também podemos mencionar a Escola Cisterciense, com Bernardo de Claraval, para quem a estrada para se chegar a Deus não é a especulação, mas a humildade: o caminho que conduz à verdade é Cristo e seu grande ensinamento é a humildade (Gerardi, 2003, p. 187-205).

1.3 História da teologia moral: século XIII

A teologia moral teve seu início, de forma estruturada, a partir do século XIII, como novidade no campo da pastoral, originária das práticas da confissão. As principais obras do período foram os livros penitenciais, que continham uma lista de pecados que ajudava os confessores a emitir a penitência adequada para cada pecado e resumiam a doutrina moral da época (Fernández, 1992, p. 335).

Nessa perspectiva, abriu-se um caminho para o desenvolvimento moral com a reforma do método teológico feita por Santo Anselmo, que uniu os tratados de dogmática e moral.

O período da **escolástica** é marcado pelo surgimento das grandes universidades, conhecidas como *centros de estudos*, como a Universidade de Bolonha e a Universidade de Paris, esta última vinculada à Catedral de Notre-Dame.

O período é marcado pelo surgimento de escolas de reflexão teológica, vinculadas a ordens religiosas, como as dos franciscanos e dos dominicanos.

A reflexão teológica que surgiu com a escolástica teve início na metade do século XII com os sistemas de aulas baseadas em sentenças[8] e sumas sobre a teologia, produzindo-se uma sistematização com o propósito de garantir uma unidade na exposição das verdades de fé (Gerardi, 2003, p. 231).

O primeiro a utilizar a forma de sentenças foi Pedro Lombardo (1095-1160), que realizou uma exposição sistemática da teologia moral na qual a divide em três partes: a relação entre o pecado e a liberdade;

---

8 Era a exposição de uma sentença no contexto das verdades da fé, argumentando-se sobre a necessidade de viver essa verdade.

o estudo das virtudes teologais; e a doutrina dos sacramentos e alguns problemas morais.

A preocupação com os problemas morais coincide com o interesse especulativo do pensamento acerca da ética greco-romana por ocasião do redescobrimento da *Ética a Nicômaco*, que assinalou um interesse pelos comentários à doutrina moral aristotélica (Gerardi, 2003, p. 336-339), o que ensejou a caracterização da moral por meio de categorias filosóficas e uma preocupação maior com o agir moral.

Nesse período da escolástica, surgiu a Escola Franciscana, com Alexandre de Hales e São Boaventura, seus maiores expoentes. Alexandre de Hales apresenta a ideia do que seja o bem. Em suas obras, estão presentes duas características: o pensamento de Santo Agostinho e questões sobre a vontade. O ponto de partida da reflexão teológica de São Boaventura é Cristo, fonte de toda ciência e exemplo a ser imitado, sendo Cristo o centro de toda a vida moral.

Na Escola Dominicana, destaca-se a figura de Santo Alberto Magno, que fez um estudo aprofundado da *Ética a Nicômaco*, de Aristóteles, procurando resultados de valores para uma ciência de saber moral (Gerardi, 2003, p. 265).

O principal expoente desse período foi São Tomás de Aquino, que, com base nos tratados de Pedro Lombardo, elaborou um estudo completo sobre a teologia, em que se inclui a moral, formulando os princípios e os elementos fundamentais da teologia moral, como os tratados sobre o ato humano, a liberdade, a lei e a consciência.

São Tomás de Aquino introduziu, principalmente na *Suma Teológica*, os elementos aristotélicos da ética e da revelação e elaborou seu tratado de moral na *prima secundae* (primeira segunda ou I-II), conforme a divisão observada em seu livro, que constituirá o fundamento da moral cristã.

Assim, a teologia, no período da escolástica, "transforma-se em uma obra de fé que atinge as fontes da Escritura e da tradição patrística, fazendo uso da razão, de sua lógica e de sua dialética para elaborar o material fornecido pela revelação, pela filosofia e pelas outras ciências" (Pinckaers, 1988, p. 286, tradução nossa), caracterizando, dessa maneira, as fontes principais da moral cristã e sua origem.

Diante do pensamento da chamada *grande escolástica*, podemos perguntar: Por que a estrutura moral de São Tomás de Aquino não foi aceita por todos? A resposta que se pode dar é que houve um conflito entre os dominicanos e os franciscanos, com a reação destes contra o aristotelismo de São Tomás de Aquino, empregado, segundo eles, de uma maneira exagerada e perigosa. O conflito estendeu-se também em relação a qual seria o ponto central da moral cristã. Ou seja, enquanto São Tomás associava tudo à inteligência e definia a beatitude como um ato do intelecto, os franciscanos argumentavam que toda ação estava vinculada à vontade, que se tornava um primado absoluto no campo da teologia moral.

Em contraposição às concepções tomistas surgiu o nominalismo[9], que originou as obras de Guilherme de Ockham e exerceu grande influência na história do pensamento cristão e, consequentemente, na teologia moral (Fernández, 1992, p. 350), principalmente depois do Concílio de Trento, no qual se elaborou um novo tipo de teologia moral, conhecida como **manualística**, que se manterá até a metade do século XX (Gerardi, 2003, p. 281).

As ideias de Guilherme de Ockham romperam completamente com o pensamento da escolástica. Seu pensamento consiste na ideia de uma distinção entre o querer de Deus e a liberdade do homem, de modo que não seria possível a unidade entre essas duas posições, ou

---

9 Foi uma corrente ampla e difusa que se iniciou depois da síntese intelectual alcançada na Idade Média nos diversos campos do saber e que teve como base a teoria do conhecimento, nascida da confiança na razão e da convicção de que era possível conhecer com rigor a amplitude de matérias que se integram na realidade (Fernández, 2004, p. 947).

seja, a lei vinda de Deus e a liberdade do homem. Para viver a vontade de Deus, o ser humano abriria mão de sua liberdade. Por outro lado, caso optasse por viver a liberdade, acabaria negando sua fé, sendo impossível viver as duas simultaneamente.

Segundo o nominalismo, expresso pelas ideias de Ockham, o bem e o mal moral dependem exclusivamente da vontade de Deus, em razão do que ele permita ou proíba, e por isso Ockham fala da liberdade de indiferença, da escolha entre os contrários: "A liberdade é o poder pelo qual eu posso, indiferentemente, produzir um efeito de tal modo que possa causar ou não causar esse efeito, sem que acarrete diferença alguma naquele poder" (Ockham, 1991, p. 75, tradução nossa).

Esse poder de escolha não nos é facultado pelo uso da razão, mas pela experiência, e pode ser conhecido dessa forma pelo fato de que todo homem experimenta e, ainda que sua razão diga algo, sua vontade pode querer ou não querer (Ockham, 1991, p. 76).

É em virtude dessa liberdade de indiferença que o indivíduo existe em si mesmo, separado dos demais, tornando-se absoluto com uma moral que se torna positiva e derivada da lei no sentido legalista.

O nominalismo apresenta características que se opõem à teologia tomista em relação à base do conhecimento nascido da razão. No nominalismo, desvaloriza-se a razão em relação ao conhecimento da verdade e do bem, e o critério ético situa-se não tanto na verdade objetiva do bem e do mal, mas na vontade de Deus. Faz-se uma crítica à lei moral quanto ao que foi explicado pela moral tomista e há uma preocupação com o valor concreto da ação (Fernández, 2004, p. 947). Ou seja, há uma alteração radical no esquema elaborado por São Tomás de Aquino, aparecendo ainda outras diferenças, como a noção de lei, que assume uma posição central na relação entre Deus e os homens; em consequência, o agir moral do homem deve ser considerado do ponto de vista da lei divina. Com isso, o sujeito perde a autoridade, o conhecimento prático, que não está mais a serviço dos desejos virtuosos, passando a procurar livremente a ação conveniente a ser realizada nas diversas situações.

Também são deixadas de fora as exigências práticas da vida comunitária. A lei, à qual antes se atribuía um caráter universal, passa a se ocupar das ações individuais e a construir a comunidade por meio de decisões individuais.

No campo das relações sociais, o nominalismo vai gerar outras ideias morais, como a moral da colaboração social em Hobbes, a moral da explicação do comportamento humano em Humes, o utilitarismo teológico em Lutero, a moral do dever em Kant, o utilitarismo clássico e o consequencialismo[10], que retornarão no contexto da moral subjetiva e autônoma do século XX.

1.4 História da teologia moral: séculos XIV ao XVIII

Entre os séculos XIV e XVIII, a teologia moral mostrou uma identidade que já se desenhava no século XIII sobre a questão da lei, principalmente no que se refere à **moral casuística**, também entendida como estudo de casos de consciência, considerando-se se determinadas ações humanas infringiam ou não uma norma moral.

Na sequência, vamos examinar os chamados *sistemas morais*, que apresentavam como princípio a análise da base sobre a qual se constituía uma lei – se seu cumprimento era obrigado ou não; se estava

---

10 Essa é a visão de Giuseppe Abbà, que, em seu livro *Quale impostazione per la filosofia morale?*, analisa a história desde o pensamento de Sócrates até as correntes morais modernas, como o utilitarismo, na procura de uma especificação de uma moral filosófica e cristã (Abbà, 1995, p. 74-203).

pautada em um rigorismo ou em um laxismo; ou, ainda, se a opinião mais aceita referente ao seu cumprimento se sobressaía.

Houve também o surgimento das instituições morais que originarão o período conhecido como *manualística*, com os primeiros manuais de teologia moral, que deram impulso para que esta se estabelecesse como ciência.

1.4.1 Séculos XIV e XV

O século XIII representou o auge da escolástica. Nesse período, houve uma especificação cristã da teologia moral vinda da revelação e da teologia moral como ciência, com seus objetos, métodos e fontes.

Entre os séculos XIV e XV, conferiu-se maior importância a um desenvolvimento da teologia moral que vai influenciar no surgimento do Renascimento, da Reforma Protestante e do Concílio de Trento.

Nesse período, destaca-se Duns Scoto, que tinha como preocupação fazer uma síntese especulativa do ponto de vista do amor infinito de Deus, que será o ponto de partida da teologia e da moral. Deus pergunta então ao homem se ele pode amá-lo por si mesmo, e a resposta do homem deve ser absolutamente livre, principalmente a vontade que vai ajudar a chegar ao fim último (Gerardi, 2003, p. 283-284).

Outra figura de destaque desse período é Guilherme de Ockham, que vimos anteriormente em oposição às ideias morais de São Tomás de Aquino. Seu pensamento consiste, também, como vimos, na liberdade de indiferença, uma singular realidade, considerando-se que não somente Deus é absoluto, também o ser humano o é, pois, mesmo que o homem tenha necessidade de Deus para existir, isso não impede que ele seja absoluto (Gerardi, 2003, p. 289). Na verdade, o homem é totalmente dependente da vontade de Deus, considerando-se que este é o legislador das normas das quais o homem deve ser fiel cumpridor.

Nesse período, a moral foi constituída como uma moral prática, no contexto de uma ação pastoral, aparecendo, novamente, os manuais para confessores, iniciados no século XIII, e os estudos morais em forma de suma. Esses manuais manifestavam preocupações mais pastorais.

1.4.2 Século XVI

No século XVI, três acontecimentos foram de fundamental importância para o desenvolvimento da teologia moral: a difusão do humanismo cristão, a Reforma Protestante e o Concílio de Trento.

A importância do humanismo para o período está relacionada à cultura e à vida da Igreja e, consequentemente, à sociedade. Essa corrente propunha "um retorno à fonte da Antiguidade pagã, seja da Bíblia, seja dos padres da Igreja, à vantagem de uma religião simples, sincera, evangélica" (Gerardi, 2003, p. 317, tradução nossa). Esse humanismo é uma ética que ressalta a caridade e a liberdade e é concebida por meio de um sentido de responsabilidade pessoal (Gerardi, 2003, p. 318).

Os pensadores que representam essa corrente são Erasmo de Roterdã (1469-1536) e São Tomás More (1478-1535).

No início do século XVI, houve a Reforma Protestante, que exerceu uma influência sobre o nascimento do *ethos* moderno, determinando a diferença entre a ética protestante e a moral católica. A palavra *ética* deriva do grego *ethos*, que significa "costume", e será usada na tradução do grego para o latim, especialmente nos comentários de Aristóteles. O termo *moral*, por sua vez, vem do latim *mores* e será o mais utilizado, designando a parte da teologia que se ocupa do ato humano.

Por meio desses conceitos, o protestantismo "estabelece uma distinção entre a ética, que estuda os princípios e critérios do juízo moral, e a moral, que trata das prescrições sobre os costumes permitidos" (Pinckaers, 1988 p. 364, tradução nossa).

A ética protestante tem como conceito principal a justificação, em que o juízo prático é centrado na fé em Cristo, de modo que seria praticamente impossível chegar a essa justificação sem a adesão a Cristo por meio da fé, justificando-se assim qualquer ação feita após essa adesão a Cristo. Isso resulta em uma moral individualista (Pinckaers, 1988, p. 365), derivada do nominalismo.

O nome mais conhecido da Reforma Protestante foi Martinho Lutero (1483-1546), que liderou um movimento fundamentado sobre a visão da justificação, comportando uma ética das realidades terrenas. A Reforma foi também uma reação contrária aos abusos praticados pela Igreja (Gerardi, 2003, p. 322). Destacam-se ainda nomes como Filippe Melanton (1497-1560) e João Calvino (1509-1564).

Em reação às teorias protestantes, o Concílio de Trento teve a intenção de reafirmar algumas ideias, como a importância do sacramento da penitência e a necessidade de confessar os pecados segundo a espécie e o número. O concílio também reafirmou que os estudos eclesiásticos para a formação dos futuros sacerdotes fossem feitos em seminários, dentro das dioceses.

Dessa maneira, a teologia moral tornava-se independente da exposição sistemática da moral clássica e da *Suma Teológica*, de São Tomás de Aquino. Ela se desprendia da justificação teológica e dos ensinamentos bíblicos para ser uma ciência regida pela lei (Fernández, 1992, p. 355), mostrando assim o auge da casuística como pressuposto da moral.

No século XVI, também surgiram as instituições morais, de modo que a teologia moral se tornou uma disciplina no complexo da teologia. Ela seguiu uma evolução da moral que era articulada já por vários séculos. Assim, foram elaborados os chamados *manuais*, com uma reflexão teológica que se desempenha em três momentos fundamentais: *principia*, os princípios; *unde resolves*, em que se aplicavam os casos práticos; e *ergo quaeritur*, a pergunta sobre os casos controversos (Fernández, 1992, p. 356).

A matéria de moral era dividida em: moral fundamental e geral; os dez mandamentos; e os sacramentos. Nesse contexto, destaca-se Juan Azor (1536-1603), com a publicação de seu tratado sobre a moral intitulado *Institutiones theologiae moralis in quibus universae quaestiones ad conscientiam recte, aut prave factorum pertinentes, breviter tractantur*[11].

O tratado apresenta a divisão quadrilátera da moral: 1) os dez mandamentos; 2) os sete sacramentos; 3) as censuras, as penas eclesiásticas e as indulgências; 4) os estados de vida e o fim último (Pinckaers, 1988, p. 339).

Além disso, seguraram-se as atitudes morais das espirituais, ou seja, o agir espiritual não fazia mais parte do agir moral, tornando-se coisas distintas. Os tratados de espiritualidade que aparecem nesse período, bem como as virtudes e os dons do Espírito Santo, serão objeto das disciplinas de ascética e mística.

A moral, dessa forma, desprendia-se da teologia e entrava no domínio do direito, tornando-se uma ciência jurídica.

1.4.3 Séculos XVII e XVIII

Entre o fim do século XVI e o XVIII, surgiram os sistemas morais, conhecidos como sistemas para solucionar casos de consciência que se agravavam quando os moralistas não estavam de acordo quanto à aplicação da norma ao caso particular ou em relação à interpretação da lei. Esses conflitos ofereciam alternativas: optando-se pela obrigação

---

11 Instruções de teologia moral nas quais são abordadas questões universais para a consciência reta; breve tratado das más ações.

das normas, ou se decidia pela dúvida de consciência, ou se obedecia ao imperativo da lei; podia-se optar pela liberdade ante uma norma que poderia não ser vinculada (Fernández, 2005, p. 1252-1254).

Entendem-se os sistemas morais, de meados do século XVI até a metade do XVIII, como originários do tratado sobre a consciência, com a controvérsia que se seguiu sobre os vários modos de formar a consciência. Foi graças a esse tratado que se pôde estabelecer quando uma ação é ou não um pecado a ser acusado na confissão.

Passou-se a pensar na consciência em virtude de numerosos problemas que surgiram nesse período, "principalmente em relação à política, à economia e no campo da sexualidade, para os quais não poderiam bastar as velhas soluções" (Gerardi, 2003, p. 353, tradução nossa).

Os sistemas morais surgiram como um modo de atuação em casos de conflito entre a lei e a própria consciência, pois havia a dúvida sobre o que seguir: a opinião autorizada de um autor ou a sentença mais generalizada, procurando-se a valorização da consciência pessoal.

Podemos fazer uma distinção entre os sistemas morais em relação à lei. Esses sistemas apresentam-se por meio do laxismo e do rigorismo.

O laxismo está relacionado ao modelo da atitude que geralmente se assume em relação à lei humana: ou existe o esforço para proteger a liberdade pessoal da coação da lei, ou se procuram os limites inferiores da obrigação, com o risco de faltar com a fidelidade ao ideal evangélico. Aqui, perde-se a exigência da lei moral ou há uma adaptação ao próprio querer (Gerardi, 2003, p. 372).

O rigorismo está ligado ao cumprimento de uma norma tal como está prescrita, não permitindo a diminuição de sua exigência. Na dúvida de consciência, é necessário sempre tomar posição da parte de Deus, isto é, a lei. No pensamento dessa corrente, é melhor submeter-se a uma lei divina que negá-la, desobedecendo a uma lei existente

(Gerardi, 2003, p. 378). Essa corrente está ligada ao jansenismo[12], de Cornélio Jansênio (1585-1638).

Elencamos, a seguir, os sistemas morais que fizeram parte da construção de uma moral casuística:

- **Tuciorismo:** em caso de dúvida sobre uma lei ou opinião a respeito de determinado aspecto da lei moral, decidia-se pela opinião mais segura, inclusive no caso de a opinião ou dúvida ser a favor da liberdade como algo provável. Historicamente, o tuciorismo era a versão do rigorismo moral e identificava-se com o jansenismo. O tuciorismo rígido foi defendido por Johannes Sinnigh.
- **Probabilismo:** trata-se de um sistema moralista jesuíta em oposição ao dominicano. A tese fundamental é que a lei duvidosa não obriga. A lei oferece quase sempre pontos débeis e, no caso de não constar claramente sua obrigatoriedade, a pessoa não está obrigada a cumpri-la. Em consequência, nos conflitos entre lei e liberdade, a opção é pela liberdade, entrando a questão do laxismo.
- **Equiprobabilismo:** vinculado à moral casuística, estabelece que, no caso de conflito entre o que a lei determina literalmente e os postulados da consciência, pode-se atuar livremente quando se apresentam com igual peso os postulados da lei e as exigências que marcam a consciência.
- **Probabiliorismo:** doutrina segundo a qual, em caso de diversidade de opiniões, deve-se seguir a sentença mais provável. As teses fundamentais são a preeminência da lei sobre a liberdade e o rigorismo para adaptar a liberdade às exigências éticas da lei.
- **Laxismo:** decide-se pela posição mais relaxada, rompendo-se os moldes da verdadeira eticidade.

---

12 Com relação à teologia moral, o jansenismo teve um papel importante durante dois séculos, em uma linha de discussão entre o rigorismo professado pelos jansenistas e uma doutrina moral mais ajustada que os jesuítas propunham (Fernández, 2004, p. 751-752).

- **Rigorismo**: caracteriza-se pelo excesso de severidade na doutrina ética. Com relação ao juízo moral, define-se como a severidade no momento de adotar o julgamento ético das ações.

Para finalizar esse período, não poderíamos deixar de mencionar Santo Alfonso Maria de Ligório (1696-1787), considerado o patrono dos moralistas (de quem estuda teologia moral), criador do equiprobabilismo e fundador da congregação dos padres redentoristas.

Segundo Fernández (2004, p. 73), a obra de Santo Alfonso apresenta as seguintes características:

- dimensão pastoral, sempre atenta às condições dos fiéis;
- rigor expositivo, mas não abuso de argumentos de autoridade;
- apoio à consciência e à liberdade no caso de a lei não ser suficientemente clara.

O agir moral é fundamentado na verdade e a pessoa humana deve colocar toda a sua energia para procurar essa certeza. O homem não deve agir segundo uma norma externa e automática, e sim interiorizar e personalizar a lei para poder vivê-la melhor (Gerardi, 2003, p. 402). É uma equiparação entre o laxismo e o rigorismo da lei, o que levaria a seu cumprimento.

Assim terminamos o estudo desses quatro séculos com o auge da casuística e as teorias de Santo Alfonso, que procurou mostrar a teologia moral com base em Jesus Cristo, caminho de santidade.

1.5 História da teologia moral: séculos XIX e XX

Para compreender os movimentos de renovação da moral entre o fim do século XIX e o início do XX, é preciso entender as transformações históricas pelas quais estavam passando as sociedades, principalmente com a expansão industrial, as teorias marxistas, o comunismo, as guerras, a filosofia existencialista e a evolução das ciências, como a sociologia, a psicologia e a antropologia.

Podemos afirmar que o mundo caminhava para um desenvolvimento tecnológico, industrial e científico, mas não em relação à pessoa humana, aos problemas de sua existência e aos seus anseios espirituais.

Por isso, houve a necessidade de se pensar em uma renovação da teologia moral, que estava no modelo da casuística, para uma moral que desse respostas à vida comum do cristão na sociedade.

As primeiras contribuições para a renovação na teologia moral em relação à casuística partiram de Antônio Rosmini (1797-1855), para quem somente uma coisa é necessária ao ser humano: a salvação e a perfeição moral da própria alma (Gerardi, 2003, p. 424).

Para John Henry Newman (1801-1890), Deus pode vir ao homem como uma essência moral, que constitui a verdadeira lei de seu ser (Gerardi, 2003, p. 426).

Na Alemanha, surgiu a Escola de Tubinga, que expressou o tema da moral cristã e considerou a realização do Reino de Deus no homem e em sua interioridade.

Uma tentativa de renovação que influenciou todo esse período e o século XX foi o pontificado de Leão XIII, de 1878 a 1903, com a carta encíclica *Aeterni Patris* (Da Pátria Eterna)[13], em que se propôs o retorno da moral de São Tomás de Aquino na intenção de dar uma resposta filosófica católica à modernidade (Petrá, 2003, p. 98). Foram elaborados, assim, os manuais com o esquema tomista[14], que não constituem apenas um retorno ao esquema das virtudes, mas uma reflexão sobre os princípios fundamentais do agir cristão em direção a um discurso ético mais atento à unidade da pessoa e menos legalista e jurídico na apresentação das normas (Gerardi, 2003, p. 450).

Nesse período, também surgiram os movimentos litúrgico, bíblico e querigmático[15], como consequência da linha de desenvolvimento e reflexão que colocou o problema de uma ética que não fosse nem puramente legalista nem puramente filosófica, mas que se voltasse a um caráter mais comunitário da moral.

Entramos no século XX e continuamos a ver tentativas de renovação da teologia moral. Nesse período, surgiu o pensamento de Jacques Leclercq, que apresenta uma moral como resposta do cristão ao chamado de Cristo, superando a ótica que a reduzia a uma parte do direito (Gerardi, 2003, p. 466).

Outro expoente desse pensamento de renovação cristológica da moral é o teólogo Bernhard Häring (1912-1998), que no fim da

---

13 O papa apresenta um percurso histórico da filosofia, sublinhando a importância da razão, "servindo para esplanar e preparar a estrada da verdadeira fé" (Leão XIII, 1879, tradução nossa). Para ele, São Tomás de Aquino recolhe as doutrinas dos outros padres da escolástica "e compõe um conjunto orgânico, as dispõe com ordem e as acrescenta com grande mérito" (Leão XIII, 1879, tradução nossa).

14 É preciso esclarecer que as teorias de São Tomás de Aquino foram utilizadas pela manualística na tentativa de uma renovação da moral, mas não são o fundamento dessa instituição moral e não se deve pensar que São Tomás de Aquino fez parte da casuística, incorrendo-se, assim, em um grave erro histórico.

15 O **movimento litúrgico** recorda que é nas relações com o outro que as celebrações litúrgicas exprimem sua forte influência sobre o agir cristão. É na vida litúrgica de uma comunidade que se expressa a vida moral, o agir moral como um benefício social e comunitário. O **movimento bíblico** caracteriza-se pelo método histórico-crítico e pela tendência de não reduzir a exegese a um estudo filológico e arqueológico, valorizando a teologia da mensagem cristã. A **teologia querigmática** orienta-se não em direção às questões dogmáticas, mas do empenho na vida cristã concreta, com uma consideração do perfil da pregação e do mistério eclesiástico (Gerardi, 2003, p. 457-459).

décadade 1950 publicou um manual intitulado *A lei de Cristo*, cuja ideia-chave é a relação da moral com a virtude da religião (Häring, 1960, p. 16-17).

Nessa relação entre moral e religião, a vida moral em Cristo deve ser nutrida integralmente pela relação religiosa com Deus, encontrando satisfação em uma moral centralizada na união com Cristo, "pois uma moral do Reino de Deus e da imitação de Cristo satisfaz plenamente o caráter essencial da religião: comunhão com Deus, e inclui o da moralidade: responsabilidade perante Deus" (Häring, 1960, p. 34).

No contexto da renovação de uma moral cristocêntrica, desenvolveu-se a teologia das realidades terrenas, a qual teve origem sob o influxo da ação católica[16] e alcançou seu auge com a teologia de Gustave Thils (1909-2000), que mostra a necessidade de esclarecer a relação entre o cristão e o mundo[17].

Nesse afã de reforma, surgiram movimentos cuja proposta era que a teologia moral pudesse prestar mais atenção ao sujeito e às suas circunstâncias concretas de atuação. Tinha origem, assim, a **ética da situação** ou **situacionismo**, que foi influenciada pela filosofia existencialista, mais precisamente pelo movimento filosófico inspirado em

---

16 A ação católica, seja como apostolado individual, seja como apostolado organizado, é inserida na economia da redenção estabelecida por Cristo, na qual os frutos atingem os homens pelo ministério dos outros homens. Apresenta três finalidades principais: a formação religiosa e moral dos sócios, orientando para uma vida cristã integral; uma visão apostólica da vida junto à Igreja, da qual recebe e restitui os bens espirituais; e a ação de apostolado verdadeiro e próprio em todos os setores e na direção que é mais urgente: a colaboração dos leigos na ação da hierarquia (Cardini, 1949, p. 593-598).

17 "Deus é, sem dúvida, a grande realidade que deve conquistar o coração do cristão com toda a força de atração da qual é capaz o infinito [...]. Mas o cristão se encontra igualmente na presença do mundo, e seu olhar, purificado da fé infusa, não pode fazer abstração [...] o lugar de sua natureza na rede das realidades terrestres conhece o sentido profundo para julgar com sabedoria e transformá-lo segundo o pensamento do senhor: *"fiat voluntas tua sicut in coelo et in terra"* (Thils, 1946, p. 11, tradução nossa).

Soren Kierkegaard (1813-1855), que expõe a ideia sobre o individual em oposição ao coletivo[18].

A ética da situação tem sua manifestação mais radical no existencialismo ateu de Jean-Paul Sartre (1905-1980), principalmente na obra *O existencialismo é um humanismo*, em que o autor faz uma defesa do existencialismo expondo as principais caraterísticas do homem em seu subjetivismo e em seu agir moral[19].

Esse sistema da ética da situação se desenvolveu com as teorias de Joseph Fuchs (1912-2005), que expõe o significado de uma moral de situação como apelo de Deus, que leva o homem a agir segundo sua consciência em determinada situação ou circunstância[20].

---

18 Para Kierkegaard, na coletividade, em que está a plebe, encontra-se a mentira, de forma que cada indivíduo, cada um em particular, está em posse da verdade e, no caso de se reunirem em uma coletividade, a mentira estaria imediatamente em evidência (Kierkegaard, 1985, p. 150). A coletividade é uma mentira quando no sentido divino, baseado em São Paulo, mostra que somente um alcança a meta: "significa que todo homem deveria evitar o trato com os demais, e essencialmente deveria falar somente com Deus e consigo mesmo, porque somente um alcança a meta" (Kierkegaard, 1985, p. 151). Nessa exposição do caráter individual e concreto das ações humanas, Kierkegaard vai além e mostra que a verdade consiste precisamente em uma concepção de vida expressa pelo indivíduo: "A verdade não pode ser comunicada nem recebida senão sob o olhar de Deus, nem sem a ajuda de Deus [...]. Portanto, somente pode ser comunicada e recebida pelo indivíduo, o qual pode ser qualquer homem vivente" (Kierkegaard, 1985, p. 158).

19 Para chegar à condição moral, Sartre parte da concepção do que seja o homem: para ele, "o homem é somente, não só como se concebe, mas como se quer [...]. O homem não é outro que isto que se faz (Sartre, 1946, p. 22, tradução nossa). Para Sarte, a existência precede a essência, tornando o homem responsável por aquilo que é, isto é, sua existencia. Essa responsabilidade gera um subjetivismo que Sartre entende de dois modos: "Subjetivismo quer dizer, de uma parte, escolha do sujeito individual por si mesmo e, da outra, impossibilidade para o homem de ultrapassar a subjetividade humana" (Sartre, 1946, p. 24-25, tradução nossa). Tendo como referência esse subjetivismo, podemos entender a afirmação "o homem se escolhe", tendo em vista que, escolhendo a si mesmo, escolhe para todos os homens, por isso a escolha é sempre um bem e nada pode ser bem para nós sem ser para todos (Sartre, 1946, p. 25-26). Assim, Sartre entende a moral não como princípio geral "que lhe pode indicar aquilo que se pode fazer" (Sartre, 1946, p. 49, tradução nossa). A moral é vista como a arte - em que há criação e invenção e não é possível decidir a priori sobre o que se deve fazer; porém, segundo ele, "o homem se faz; ele se faz escolhendo a própria moral, e a pressão da circunstância é tal que não pode não escolher uma" (Sartre, 1946, p. 77-78, tradução nossa).

20 Para Fuchs (1954, p. 1076), a palavra *situação* designa o momento em que o "eu" tem consciência de ser chamado a tomar uma decisão em face de uma realidade determinada ou do interior dessa realidade. O autor considera como real a existência concreta de tal homem e o Universo inteiro com o qual se acha em relação. Pode-se chamar *situação* ao fato de haver tomado uma decisão ou ainda a toda a realidade que essa decisão assumirá.

A moral de situação sofreu uma metamorfose com as ideias de Karl Rahner (1904-1984), quando este expôs o problema de uma ética existencial formal em oposição a uma ética da situação[21].

Surgiram também as ideias de Servais Pinckaers (1925-2008), que, no fim da década de 1950, defendeu uma renovação da teologia moral por meio de uma volta a suas fontes: a Sagrada Escritura, a tradição e o magistério da Igreja.

O Concílio Vaticano II, que teve início em 1962, representou uma esperança de concretização de uma renovação da moral, a qual ocorreu, porém não no modelo esperado pelos moralistas, na forma de uma constituição ou de um decreto, embora estivesse presente em todos os decretos e constituições. Considera-se que o concílio não tratou expressamente dos fundamentos da teologia moral (Fernández, 1997, p. 105) e privilegiou um diálogo com as formas da cultura moderna (Angelini, 1999, p. 221).

No concílio, a questão moral ocupou um lugar importante. Ela foi uma das preocupações de João XXIII, que encarregou uma comissão para elaborar uma consulta sobre a teologia moral. Nessa consulta, "manifestou um mal-estar teológico na moral e uma forte aspiração em direção a uma renovação" (Pinckaers, 1995, p. 33, tradução nossa).

Independentemente de o concílio ter ou não criado uma constituição própria para a moral, ele trouxe avanços para uma inserção da

---

21 Em sua obra *Escritos de teologia*, Rahner (1961), no artigo "Sobre o problema de uma ética existencial formal", expõe as deficiências da ética da situação que se fundamenta em uma filosofia existencial extrema e em um sentimento protestante contra a vigência de uma lei dentro da existência cristã.
Para Rahner, o ser humano, com seus atos espirituais e morais, não pode ser unicamente a manifestação do geral, ou seja, sua individualidade espiritual não pode ser a limitação de uma essência de seu geral. O homem, em seu agir, é mais que uma aplicação de leis no geral, tem positiva e objetivamente uma característica e uma irrepetibilidade que não se podem traduzir em uma ideia e em uma norma geral que se expressam em proporções formadas em conceitos gerais. Insere-se nessa individualidade não mais o apelo de Deus, mas uma vontade divina. A vontade criadora de Deus dirige-se direta e claramente ao concreto e individual, na condição não só de realização de um caso do geral, mas também de irrepetibilidade positiva, precisamente objetiva e material. A Deus interessa a história, não só como um contínuo exercício real de formas, mas na qualidade de uma história única, sem igual e com um significado de eternidade (Rahner, 1961, p. 234-236).

teologia moral como disciplina teológica, principalmente no decreto *Optatam Totius*, que trata da formação dos presbíteros e da formação intelectual (OT, n. 13-18), apresentando a Sagrada Escritura como fundamento da moral, na qual se encontra a revelação, interligada com outros fundamentos da moral, como os padres da Igreja, a filosofia e a espiritualidade, conforme apresenta o parágrafo 16 desse decreto, que constituirá a referência para todo o estudo da moral, especificando, assim, uma moral cristã.

Depois do concílio, surgiram ideias para a especificação cristã da moral e para os problemas fundamentais da existência humana em relação ao seu agir moral, à liberdade, à lei e à consciência.

Estabeleceu-se um pensamento moral fundamentado na **teoria da autonomia moral**[22], que tem como representantes o padre Josef Fuchs, mencionado anteriormente, Alfons Auer (1915-2005)[23] e Franz Böckle (1921-1991)[24]. Essa teoria também é conhecida como **nova moral**.

Marciano Vidal propõe a atualização da mensagem moral do cristianismo hoje, entrando em diálogo com o saber antropológico, e faz uma relação entre a religião e a ética, criando a moral de atitudes diante de um fato que se apresenta.

---

22 "A autonomia se refere àquela fundamental possibilidade, dada ao homem por Deus, criador e salvador, assim como àquele dever do homem de procurar e de achar para todas as suas ações um comportamento correspondente ao seu ser espiritual e corporal" (Fuchs, 1978, p. 65, tradução nossa).

23 Para Auer (1991, p. 18, tradução nossa), "A moral é entendida como a exigência que a realidade coloca à pessoa humana. Se quero saber como comportar-me no matrimônio, na família, na profissão, no Estado, na técnica, na arte, na ciência etc., devo primeiro saber o que significam esses ambientes de vida para a pessoa humana e para as suas realizações sociais, por qual lei são governados, quais valores de sentido apresentam, quais possibilidades históricas são abertas por eles e quais limites são seus lugares".

24 Para Böckle (1968, p. 11, tradução nossa), "Todo nosso agir cristão deve se desenvolver a partir da comunidade de vida com Cristo. A moralidade deve ser informada pela vida cristã [...]. A lei fundamental de cada ação moral exige que o agir corresponda com urgente coerência aos fundamentos ontológicos. Se, portanto, o nosso ser cristão é fundado de maneira essencialmente sacramental como uma vida em Cristo e uma assimilação sacramental a ele, a moral cristã deve resultar no ideal de vida deste fundamento sacramental [...]. O nosso agir cristão deve amadurecer sobre a base da responsabilidade pessoal diante de Deus. A moral deve, portanto, guiar o homem em reconhecer a vontade de Deus e segui-la com amor".

A década de 1990 foi marcada pelos debates sobre a especificação da moral em oposição aos sistemas subjetivistas, como os debates entre espiritualidade e moral, sobre a lei nova e a lei moral e, principalmente, em relação à consciência e ao agir moral.

O ponto de partida para entender esses debates foi a publicação do Catecismo da Igreja Católica, de 1992, que não tinha o objetivo de dar respostas às discussões inerentes à moral, mas expunha a base para o estudo da moral, ou seja, os pontos principais que um estudo sistemático da moral deveria conter, definindo, assim, as diretrizes de uma especificação cristã.

Em 1993, o Papa João Paulo II publicou a carta encíclica *Veritatis Splendor*, com uma temática diferente: esclarecer os pontos principais que constituem a moral cristã.

A elaboração da carta encíclica dedicada aos temas da moral fundamental foi motivada pela "dissociação entre a resposta tradicional da Igreja e algumas posições teológicas [...] em relação a questões como o ato moral, a consciência e a lei natural" (Angelini, 1999, p. 235, tradução nossa).

Com efeito, a carta encíclica é uma tomada de posição sobre a natureza e a fundamentação do atuar ético do cristão, como o próprio Papa João Paulo II afirma, ao demonstrar o objetivo da encíclica[25].

A carta encíclica *Veritatis Splendor* abriu caminho para uma especificação cristã da moral com base nos elementos que a compõem, como as fontes da moral, a Sagrada Escritura, os padres da Igreja – em

---

25 "Hoje, porém, parece **necessário refletir sobre o conjunto do ensinamento moral da Igreja**, com a finalidade concreta de evocar algumas verdades fundamentais da doutrina católica que, no atual contexto, correm o risco de ser deformadas ou negadas. [...] Não se trata já de contestações parciais e ocasionais, mas de uma discussão global e sistemática do patrimônio moral, baseada sobre determinadas concepções antropológicas e éticas. Na sua raiz, está a influência, mais ou menos velada, de correntes de pensamento que acabam por desarraigar a liberdade humana da sua relação essencial e constitutiva com a verdade. Rejeita-se, assim, a doutrina tradicional sobre a lei natural, sobre a universalidade e a permanente validade dos seus preceitos; consideram-se simplesmente inaceitáveis alguns ensinamentos morais da Igreja" (VS, n. 4, grifo do original).

especial São Tomás de Aquino –, a espiritualidade e a filosofia, fontes utilizadas como referência para o surgimento de teorias morais que especificassem uma moral cristã.

Na atualidade, encontramos teorias morais baseadas nas ideias de São Tomás de Aquino sobre a moral das virtudes, teorias fundamentadas na filiação divina e uma moral com características da Sagrada Escritura.

Um exemplo de moral com especificação cristã são as teorias da **moral da primeira pessoa**, nas quais o ser humano é sujeito agente de seu agir e capaz de dar uma resposta a seus problemas existenciais.

Existem algumas variações dessa teoria, como a moral da felicidade e da vida boa formulada por Giuseppe Abbà[26], que consiste em um aprofundamento da experiência da moral originária, uma análise do processo de formação do sujeito moral cristão e um estudo das virtudes morais e do agir por excelência e de qualidade, fazendo uma leitura da realidade por meio de uma redescoberta da moral de São Tomás de Aquino (Melina; Noriega; Pérez-Soba, 2008, p. 11).

Uma variação dentro da moral das virtudes é a **moral da santidade**, elaborada por Ángel Rodríguez Luño, o qual parte da filiação divina recebida pelo batismo, que deve nos levar a uma vida de santidade, sendo santos como Deus é santo. Trata-se de uma teoria moral que retoma os pressupostos da revelação e vem intitulada como a moral filial na perspectiva da filiação divina, de ser "filho no Filho"[27].

---

26 "O confronto dialético que realizamos nos levou à conclusão de que a filosofia moral vai fundada no ponto de vista da primeira pessoa, isto é, do sujeito agente como autor da própria conduta em vista de uma vida boa [...]. A essa conclusão chegamos supondo que fosse racionalmente válida a manobra decisiva que Aristóteles, no início da Ética a Nicômaco, e Tomás de Aquino, no início da II Pars da Suma Teológica, fizeram quando explicaram a lógica da ação do ponto de vista do sujeito agente, deixando claro que o agente racional é guiado pelas considerações da vida como um todo e pelas ordens dadas aos fins e aos bens na vida como um todo. Essa manobra lhes permitiu achar a congruência entre o sujeito e a moral, explicando ao sujeito que a vida segundo a virtude moral é a melhor vida que ele pode conduzir" (Abbà, 1989, p. 275, tradução nossa).

27 Essa teoria moral é representada pelo padre Real Tremblay e exposta em seu livro *Figli nel Figlio: una teologia morale fondamentale*, publicado em 2008.

Por esse mesmo caminho segue Livio Melina, quando relaciona a constituição do sujeito moral com a filiação divina, em um processo de conversão que se realiza em um encontro pessoal com Cristo, significando uma plenitude de vida, que se torna uma resposta total da parte do homem (Melina; Noriega; Pérez-Soba, 2008, p. 239).

No Brasil, destaca-se o pensamento de frei Antônio Moser, com uma preocupação com os desafios da teologia moral nos tempos atuais e a tentativa de dar respostas pastorais aos problemas de bioética.

Desponta também o pensamento de frei Nilo Agostini, que apresenta os desafios atuais de uma ética cristã procurando dar uma resposta pastoral aos problemas éticos do homem atual.

É preciso citar também o padre Márcio Fabri dos Anjos, cujos estudos estão voltados para os desafios da teologia moral na América Latina e no Brasil.

Por fim, cabe mencionar o padre João Konzen, que, em seus estudos, apresenta uma teologia moral que tem como referência o ser humano, colocando em evidência a subjetividade com a qual se deve viver uma ética teológica.

Atualmente, a teologia moral procura responder aos problemas relacionados à bioética, à família, à sexualidade, à ecologia, à questão do gênero e, principalmente, a problemas sociais que ameaçam a dignidade da pessoa humana.

Síntese

- A natureza da teologia moral pode ser explicada e entendida somente em relação à vida moral cristã.
- A teologia moral é uma ciência racional, mas com um princípio vindo da revelação.
- A parte humana da moral é entendida como a parte filosófica, que constitui uma moral externa. A parte interna é caracterizada pela revelação, sendo uma moral objetiva e interna.

- A teologia moral, por ser uma ciência, é constituída de um objeto (os atos morais), de um método reflexivo e tem como fontes a Sagrada Escritura, a tradição e o magistério da Igreja.
- A teologia moral é a parte da sabedoria teológica que estuda as ações humanas para ordená-las à visão amorosa de Deus como felicidade suprema.
- A história da teologia moral apresenta os principais eventos que contribuíram para a construção dessa ciência e que a constituem como a ciência das ações humanas e da resposta para seu problema existencial.
- Os padres apostólicos são chamados assim por causa de seus escritos, que vão do fim do século I até a metade do século II, e expressam uma fidelidade à pregação dos primeiros apóstolos, dando uma continuidade a seus ensinamentos.
- A teologia moral teve seu início, de forma estruturada, a partir do século XIII, como novidade no campo da pastoral, originária das práticas da confissão. As principais obras desse período são os livros penitenciais.
- A reflexão teológica que surge com a escolástica já havia tido um início na metade do século XII, com os sistemas de aulas por meio de sentenças e sumas sobre a teologia. Consistia em uma sistematização com o objetivo de estabelecer uma unidade na exposição das verdades de fé.
- O nominalismo apresenta características que se opõem à teologia tomista em relação à base do conhecimento nascido da razão. O nominalismo desvaloriza a razão em relação ao conhecimento da verdade e do bem. Nele, o critério ético situa-se não tanto na verdade objetiva do bem e do mal, mas na vontade de Deus.
- Entre os séculos XIV e XVIII, a teologia moral mostrou uma identidade que já se desenhava no século XIII acerca da questão da lei, principalmente no que se refere à moral casuística, também entendida

- como estudo de casos de consciência, considerando-se se determinada ação havia ou não infringido uma norma moral.
- No século XVI, três acontecimentos foram de fundamental importância para o desenvolvimento da teologia moral: a difusão do humanismo cristão, a Reforma Protestante e o Concílio de Trento.
- Para entender os movimentos de renovação da moral entre o fim do século XIX e o início do XX, é preciso compreender a transformação histórica pela qual estavam passando as sociedades, principalmente com a expansão industrial, as teorias marxistas, o comunismo, as guerras, a filosofia existencialista e a evolução das ciências, como a sociologia, a psicologia e a antropologia.
- Uma tentativa de renovação que influenciou todo o século XVIII e também o XX foi o pontificado de Leão XIII, de 1878 a 1903, com a carta encíclica *Aeterni Patris*, em que se propôs o retorno da moral de São Tomás de Aquino com o propósito de dar uma resposta filosófica católica à modernidade.
- O Concílio de Trento não tratou expressamente dos fundamentos da teologia moral em uma constituição apostólica, mas privilegiou um diálogo com as formas da cultura moderna por meio da constituição pastoral *Gaudium et Spes*.
- A década de 1990 foi marcada pelos debates sobre a especificação da moral em oposição aos sistemas subjetivistas, como os debates entre espiritualidade e moral, sobre a lei nova e a lei moral e, principalmente, em relação à consciência e ao agir moral.
- Na atualidade, encontramos teorias morais baseadas nas ideias de São Tomás de Aquino sobre a moral das virtudes, teorias baseadas na filiação divina e uma moral com características da Sagrada Escritura.

Indicação cultural

Vídeo

DUNS Scoto – Defensor da Imaculada Conceição de Maria. Direção: Fernando Muraca. 2010. 83 min.

O filme retrata a defesa do dogma da Imaculada Conceição por Duns Scoto e tem como pano de fundo o ambiente medieval e as exposições das aulas em sentenças.

Atividades de autoavaliação

1. Como aspectos que compõem a ciência moral, podemos mencionar:
   a) princípios matemáticos, objeto e fontes.
   b) objeto, método e elementos químicos.
   c) fontes, método e conhecimento empírico.
   d) objeto, método e fontes.

2. O objeto da teologia moral é(são):
   a) o ser humano.
   b) os atos humanos.
   c) o magistério da Igreja.
   d) a Sagrada Escritura.

3. Entre os acontecimentos que marcaram o século XVI, destacam-se:
   a) a Revolução Francesa, o Concílio de Trento e o Iluminismo.
   b) a Reforma Protestante, o Concílio de Trento e o Iluminismo.
   c) o humanismo cristão, o Concílio de Trento e a Revolução Francesa.
   d) o humanismo cristão, a Reforma Protestante e o Concílio de Trento.

4. Indique se as afirmações a seguir são verdadeiras (V) ou falsas (F) no que se refere à teologia moral:
   ( ) A natureza da teologia moral pode ser explicada e entendida somente em relação à vida moral cristã.
   ( ) A teologia moral não reflete uma coerência de vida entre o agir e o acreditar.
   ( ) A teologia moral não necessita das experiências humanas.
   ( ) A moral proporciona um conhecimento mais prático.
   ( ) A teologia moral responde aos problemas existenciais do ser humano, abarcando toda a sua vida.

   Assinale a alternativa correspondente à sequência obtida:
   a) F, F, V, V, V.
   b) V, V, F, V, V.
   c) V, F, V, F, V.
   d) V, F, F, V, V.

5. Indique se as afirmações a seguir são verdadeiras (V) ou falsas (F) no que se refere à teologia moral no século XIII:
   ( ) A teologia moral teve seu início de forma estruturada, como novidade no campo pastoral e das práticas de confissão.
   ( ) Após a reforma do método teológico feito por Santo Anselmo, ocorreu a união dos tratados de dogmática e moral.
   ( ) Os principais expoentes da teologia franciscana foram Alexandre de Hales e São Tomás de Aquino.
   ( ) O nominalismo fundado por Guilherme de Ockham teve grande influência na história da teologia moral e está fundamentado na possibilidade de viver conjuntamente a vontade de Deus e a liberdade humana.

( ) O nominalismo e o tomismo se opõem como correntes teológicas do período. O nominalismo tem características mais jurídicas, enquanto o tomismo se detém em questões como o ato humano, a liberdade, a lei e a consciência.

Assinale a alternativa correspondente à sequência obtida:
a) V, F, F, V, V.
b) V, V, F, F, V.
c) V, V, F, V, V.
d) F, F, V, V, F.

Atividades de aprendizagem

Questões para reflexão

A seguir, leia um fragmento do texto "Santo Tomás, a moral e os moralistas", de Jean-Louis Bruguès.

> O segundo acontecimento que interveio diz respeito aos que frequentavam a faculdade francesa de teologia. No início dos anos 1980, produziu-se uma inversão na tendência. Até aquele momento, os estudantes pertencentes ao clero eram caracterizados por uma mentalidade fundamentalmente crítica: a própria ideia de referir-se a mestres da tradição suscitava neles reações alérgicas. Nas minhas primeiras atuações como professor, um colega me aconselhava: "agora é impossível até mesmo pronunciar o nome de Tomás de Aquino: arrisca-se ver fechar em um só golpe todas as orelhas. Fale sobre ele sempre, mas sem pronunciar jamais seu nome". Portanto, pratiquei por anos um tomismo anfíbio. Depois, um dia, vieram ver-me para pedir aulas que focassem justamente a teologia moral de Santo Tomás. Aquela mudança recebeu um forte impulso pelo

> Catecismo da Igreja Católica, que se pode bem definir como o mais importante documento magisterial de todo o pontificado de João Paulo II, e aquele no qual é mais evidente a influência do tomismo. Para dizer em poucas palavras: uma geração atrás, falar de Santo Tomás parecia fora de moda; hoje aparenta ser muito moderno [...].

Fonte: Bruguès, 2009, p. 15-17, tradução nossa.

Agora, responda:

1. Por que houve uma aversão à teologia moral dos autores clássicos?
2. Por que houve um retorno à teologia moral de São Tomás de Aquino?

2
A moralidade da ação

Neste capítulo, apresentaremos os elementos que compõem a ação moral na antropologia cristã. Discutiremos a origem divina do ser humano, criado à imagem e semelhança de Deus, para analisar a origem da ação moral, que tem seu fundamento no desejo humano. Este, por sua vez, fundamenta as inclinações naturais, as tendências, os sentimentos e as paixões que fazem parte da constituição do homem e o ajudam a entender quando uma ação é boa ou má.

Examinaremos os elementos que compõem uma ação, entendendo-se que existe a intenção inicial de alcançar um fim com a ação realizada, com a inclinação da vontade ao objeto da ação; depois, passa-se pelas circunstâncias que podem alterar para o bem ou para o mal a finalidade dessa ação; por fim, atinge-se aquilo a que toda ação se propõe – a finalidade suprema de chegar a Deus.

2.1 O ser humano criado à imagem e semelhança de Deus

Ajudará em nossa reflexão o prólogo da I-II da *Suma Teológica*, segundo o qual, se o ser humano foi feito à imagem e semelhança de Deus, então o agir humano foi recebido de Deus, tornando-se um agir livre. Segundo o prólogo,

> Afirma Damasceno que o homem é criado à imagem de Deus, enquanto o termo imagem significa o **que é dotado de intelecto, de livre-arbítrio e revestido por si de poder**. Após ter discorrido sobre o exemplar, a saber, Deus, e sobre as coisas que procederam do poder voluntário de Deus, deve-se considerar agora a sua imagem, a saber, o homem, enquanto ele é o princípio de suas ações, possuindo livre-arbítrio e domínio sobre suas ações. (Tomás de Aquino, 2005a, I-II, prólogo, grifo do original)

Entre todas as criaturas, o ser humano retorna a Deus de uma maneira que lhe é absolutamente original. Esse retorno, porém, não se impõe a ele, como ocorre nas criaturas privadas de razão, mas lhe é confiado. Na história da salvação, o ser humano desempenha um papel que, embora secundário, é indispensável. As criaturas irracionais procedem de Deus, assemelham-se a ele e orientam-se para ele, mas essa orientação lhes é imposta. Já a humanidade é criada à imagem e semelhança de Deus e faz uso de sua liberdade para, por meio de suas ações, dirigir-se a Deus.

O tema da criação humana à imagem de Deus era essencial na reflexão patrística. Por ser criado por Deus, o homem era considerado "capaz de Deus" (*capax Dei*), isto é, capaz de entendê-lo, relacionar-se com Ele e chegar a Ele.

São Tomás de Aquino propõe três consequências para a criação humana à imagem e semelhança de Deus: ele é inteligente, tem o livre-arbítrio e é senhor de seu agir e, portanto, de seu destino.

Para fazer esse tratado, São Tomás de Aquino poderia ter usado os argumentos de Santo Agostinho, que coloca a imagem da Trindade no homem, na memória, na inteligência e na vontade. Aquino prefere a interpretação de São João Damasceno, mais perto das análises aristotélicas das faculdades: a imagem de Deus, que está na liberdade que reúne a inteligência e que dá ao ser humano o domínio sobre seus atos.

O tema do ser humano criado à imagem e semelhança de Deus é fundamental na antropologia cristã. Essa imagem é dinâmica e reside em faculdades espirituais, como a mente, a vontade e o livre-arbítrio.

A primeira consideração que se pode fazer acerca desse argumento da humanidade criada à imagem e semelhança de Deus é que o ser humano é moral por natureza em virtude de sua racionalidade, que se transforma em uma espécie de estatuto moral, uma marca interna indelével que não pode ser apagada, pois faz parte de sua composição.

Já Aristóteles toma o ser humano como uma criatura ética, demonstrando a diferença entre o homem e o animal principalmente pelo fato de o primeiro apresentar a racionalidade, a sociabilidade e a eticidade. Diante dessa consideração, porém, apareceram posições contrárias, que afirmam que a eticidade do ser humano é algo imposto e externo, por causa de agentes como a família, a sociedade, o Estado e a religião. São dados que vêm de fora e retiram a autonomia do ser humano como criatura livre. Não se podem negar os fundamentos racionais da ética filosófica, mas também não se pode ignorar a moral com origem divina, na qual a revelação ensina que a razão da eticidade do ser humano deriva da criação deste por Deus (Fernández, 2004, p. 45-46).

Outra consideração que se faz a respeito do princípio do homem criado à imagem e semelhança de Deus é que Ele o criou para se comportar de um modo moralmente adequado diante dele. O homem reflete no próprio ser a imagem de Deus, o que exige um comportamento que não seja contrário, mas que tenha um agir de acordo com sua dignidade, mesmo aparecendo diversas correntes da ética que apresentam uma concepção diferente do homem, uma visão mais antropológica e a negação da existência de Deus principalmente pela corrente existencialista (Fernández, 2004, p. 47-48).

2.2 O fundamento das inclinações naturais e das tendências: o desejo humano

O desejo ou impulso é a forma como se manifestam as necessidades do ser humano em seu diálogo com o mundo. A cada necessidade corresponde um impulso, e vice-versa. Os impulsos animais referem-se substancialmente às necessidades vitais, como nutrição, reprodução e defesa. As tendências humanas abrangem um campo maior, como sociabilidade, necessidade de amar e ser amado, desejo de saber e religiosidade (Luño; Colom, 2008, p. 147).

Nesses dois casos, os desejos constituem um princípio de seleção dos objetos significativos e, para a pessoa humana, um elemento configurador do próprio mundo. O mundo de cada um é o resultado dos próprios interesses, embora o homem, graças aos processos mais elevados do pensamento e da vontade, possa alcançar um alto grau de objetividade na compreensão de si mesmo e do mundo.

Essa dimensão cognitiva do desejo também é muito importante para a percepção do bem, que, na experiência moral concreta, não é só objeto da inteligência abstrata, mas pressupõe condições pessoais e, em particular, uma adequada estabilidade emocional. A dimensão cognitiva do desejo é a base antropológica da função cognitiva das virtudes morais.

2.2.1 As inclinações naturais como dimensão ontológica do desejo humano

O conceito tomista de inclinação natural (Tomás de Aquino, 2005a, I-II, q. 94, a. 2) é um conceito metafísico e não psicológico, que procura apresentar o fundamento ontológico das tendências humanas.

Partindo do fundamento criacionista, São Tomás de Aquino considera que toda a natureza criada tem uma ordenação e sua perfeição própria, e a essa ordenação metafísica ele chama de **apetite natural**, o qual não é em si uma inclinação ou um desejo consciente, mas uma ordenação objetiva para o fim da própria natureza (um finalismo metafísico), prévia a qualquer ato do indivíduo.

O apetite natural existe conforme a essência de cada ser: nos animais, é instinto; no ser humano, é uma tendência consciente que se manifesta em desejo sensível e no querer voluntário.

São Tomás de Aquino ocupa-se das inclinações naturais, sobretudo, quando estuda a lei natural. Nesse contexto, a razão prática capta como bens humanos todos aqueles objetivos para os quais o ser humano está naturalmente inclinado (a finalidade das inclinações naturais). Por isso, é possível afirmar que os preceitos da lei natural se adéquam à temática das inclinações naturais e constituem a regulamentação moral básica. As inclinações naturais cumprem uma função de primeira ordem na constituição das evidências práticas fundamentais.

Podemos distinguir três grupos de inclinações naturais:

- as que o ser humano tem em comum com todas as substâncias: a permanência no ser, que para os seres vivos supõe conservação da vida, autodefesa, nutrição etc.;
- as que o ser humano tem em comum com os animais: reprodução e cuidado da prole, que no ser humano se estende ao matrimônio;
- as que são próprias do ser humano como criatura racional: sociabilidade, amizade, conhecimento, amor e transcendência metafísica, entre outras (Luño; Colom, 2008, p. 149).

Para esclarecermos melhor as inclinações naturais, usaremos o exemplo do princípio da conservação do ser e da vida. Tomemos como referência os conceitos de substância e pessoa. Podemos definir *pessoa* com base em Boécio e conceituá-la como substância individual de natureza racional. Já *substância* refere-se ao que é permanente em um sujeito suscetível de mudança, aquilo que existe por si mesmo. *Substância* designa o que é essencial no homem, sua natureza própria, e indica que ele é um ser espiritual, uma pessoa. A substância no homem designa seu ser, sua existência e sua essência. *Pessoa* designa o sujeito que subsiste no homem e se desenvolve por meio de todas as mudanças da vida e do agir.

Um segundo ponto em relação a essa inclinação é o desejo de existir e de viver, que produz no ser humano uma vontade espontânea de ser e de viver. Está na fonte da vida e da ação. Esse desejo o conduz para a existência, segundo sua natureza própria como ser vivo racional e livre, e gera um amor natural de si mesmo, constituindo o amor a bens como a vida e a saúde. Leva o ser humano a buscar tudo o que lhe é útil para assegurar sua subsistência, como alimentação e vestimenta. Não se limita somente à existência corporal.

E, por fim, trata-se de uma inclinação dinâmica, que leva a humanidade ao progresso e aponta a perfeição de ser em todos os domínios da atividade humana. Desenvolve-se no amor ao próximo, na amizade e no desejo de conservação que o ser humano tem em relação aos que ama (Pinckaers, 1988, p. 536-540).

2.2.2 As tendências

A psicologia empírica emprega o conceito de tendência para descrever o dinamismo que as motivações de base oferecem à conduta humana. Esse conceito psicológico situa-se em um nível de reflexão diverso do que é próprio da metafísica. Por isso, uma tendência não é o mesmo que uma inclinação natural tomista. As tendências são a manifestação dinâmica das inclinações naturais humanas no nível das atividades psicológicas.

Conforme Luño e Colom (2008, p. 150), as tendências apresentam as seguintes características:

- São um reflexo psicológico da lei vital da comunicação entre a pessoa e o mundo (as inclinações naturais são de pessoa para pessoa). Na tendência, as necessidades (as inclinações naturais) manifestam-se como um déficit acompanhado de inquietude (fome, sede, desejo de estima etc.) que se deseja superar por meio da ação.
- São experimentadas como um movimento que vai desde o estado de necessidade de que se quer sair até o estado futuro de satisfação, percebido antecipadamente de um modo obscuro e confuso, que a tendência, porém, antecipa e sugere.
- Cada tendência aponta para uma meta. Se a tendência se apresenta como um "buscar algo", a meta é esse algo que se busca. Essa meta

representa um valor, um bem no sentido amplo do termo, porque responde a uma necessidade.

- A tendência tem sempre o caráter de algo dado. Não procede de uma iniciativa do indivíduo, como no processo de uma livre opção e na necessidade de alimentar-se ou de viver em sociedade. Nesse sentido, apresenta um caráter passivo.

As tendências, em seu conjunto, estão associadas ao desenvolvimento e à plena realização do ser humano. Ter um mapa dessas tendências é o mesmo que ter um mapa completo dos bens humanos. Contudo, existem entre os psicólogos muitas divergências acerca dos bens concretos compreendidos no desenvolvimento e na realização da pessoa.

Para Lersch[1], citado por Luño e Colom (2008, p. 151, tradução nossa), as tendências podem ser classificadas em três grupos:

> a) as tendências da vitalidade, que são o impulso à atividade, a inclinação ao gozo e à alegria, a tendência sexual e o impulso vivencial; b) as tendências ao eu individual, que compreendem o instinto de conservação, a tendência à possessão do necessário para a expansão da própria vida, a necessidade de estimação por parte dos demais, o afã vingativo, o desejo de autoestima; c) as tendências transitivas, que são as tendências a estar com os outros (sociabilidade) e a de ser para os outros, as tendências criativas (criatividade), o desejo de saber, a tendência amatória, as tendências normativas e as tendências transcendentes.

- Assim, nas tendências não se nota algo já dado de maneira imodificável, pois elas estão condicionadas pelas diferentes características

---

1 Philipp Lersch (1898-1972), psicólogo alemão. Investigou sobre a caracterologia, fazendo uma exploração sobre as expressões faciais e seu significado. Sua investigação sobre a estruturação da personalidade constitui sua obra fundamental. Influenciado pelas ideias de Sigmund Freud, sustenta que a personalidade está estruturada por um extrato profundo ou fundo vital, um extrato afetivo, um extrato do eu empírico e um extrato superior. Essa estrutura vincula-se à realidade mediante a comunicação. Atribuem-se ao psiquismo quatro funções que conformam o círculo funcional de vivência: a tendência, a percepção, o sentir e a conduta.

individuais e pelas concepções da vida que se afirmam nas diversas sociedades e culturas, em cada temperamento individual e em cada cultura, representando um ponto de partida, parcialmente diverso, para alcançar o equilíbrio e a integração requerida pelo gênero da vida adequada ao bem da pessoa (Luño; Colom, 2008, p. 155-156).

2.2.3 As tendências da vontade

A vontade, à primeira vista, não parece uma tendência, mas uma instância superior de controle cuja tarefa é regular o "tráfico" das tendências, determinando que impulso se deve seguir, como se deve fazê-lo e como é possível vencer as tendências para fazê-lo. Contudo, alguns autores, como Wundt[2], sustentam que o querer é somente uma emoção particular pertencente ao fundo endotímico (é a vida interior; sentir o interior relativo da alma) (Luño; Colom, 2008, p. 156).

Notamos então que, no âmbito desse fundo endotímico, o querer humano se percebe como centro ativo, consciente e unitário, não determinado necessariamente por um impulso, já que é o mesmo quem se determina ativamente, planifica e gerencia seu querer. Muitas temáticas da vontade, consideradas materialmente, procedem das tendências. A pessoa aceita ou rejeita, favorece, elabora, modifica ou reprime. Depois, centra-se na realização de uma meta escolhida, mostrando-se como uma força capaz de tomar novamente posições em face das resistências internas ou externas (Luño; Colom, 2008, p. 156-157).

As tendências da vontade estão ligadas a uma autonomia do querer que está baseada em uma dinâmica específica, uma aspiração que segue a inteligência, o desejo do bem que chamamos *vontade da*

---

2 Wilhelm Maximilian Wundt (1832-1920) foi um médico, filósofo e psicólogo alemão. É considerado um dos fundadores da moderna psicologia experimental junto a Ernst Heinrich Weber (1795-1878) e Gustav Theodor Fechner (1801-1889) (Moraes, 2014).

natureza, quer dizer, a inclinação constitutiva da vontade, que, por sua vez, é o desejo do bem captado como tal pela inteligência (Luño; Colom, 2008, p. 157).

A vontade humana, contudo, não é só desejo. Também atua em um sentido diferente do "receber" e do "tender" e, para não reduzir-se a desejo, é necessário assumir um conceito hiperteleológico (relação entre mente e cérebro) da vontade muito característico da antropologia cristã.

2.2.4 Os sentimentos

As tendências são como um movimento que sai do sujeito e se projeta sobre o mundo, orientando a busca e a percepção das emoções e dos sentimentos.

Os sentimentos têm um caráter passivo (não respondem a uma iniciativa do eu), e por isso a filosofia chamou-os de *paixão*. Os sentimentos não são uma tomada de posição deliberada, embora sua tendência tenha e sugira uma tomada de posição e um comportamento livre. Porém, em si mesmo, o sentimento é uma reação, às vezes orgânica, psíquica e espiritual, causada pela percepção do bem (alegria, entusiasmo) ou do mal (tristeza, temor, preocupação) em relação às tendências (Luño; Colom, 2008, p. 158).

A estreita relação entre os sentimentos e as tendências faz que nesses dois casos se adote a mesma classificação. Dessa forma, há sentimentos ligados às tendências de vitalidade (prazer, dor, aborrecimento, repugnância, diversão, incômodos), às tendências do eu individual (medo, excitação, confiança e desconfiança, ciúmes, sentimentos de inferioridade ou de fracasso, vergonha, desprezo de si mesmo) e às tendências transitivas (simpatia e antipatia, amor e ódio, estima e desprezo, respeito e escárnio, compaixão, alegria de compartilhar, sentimento artístico e religioso etc.).

A psicologia distingue os sentimentos dos estados de ânimo. Os sentimentos são emoções de breve duração, enquanto os estados de ânimo são mais persistentes. Contudo, não se pode estabelecer uma distinção rígida entre ambos, pois existem fenômenos emotivos que estão na metade do caminho.

Compreender a origem e a dinâmica dos estados de ânimo é uma questão complexa. Basta pensar, por exemplo, nas diferenças entre pessoas predominantemente alegres e as que são melancólicas ou estão deprimidas ou nas pessoas hipersensíveis em relação à própria dignidade e afetadas por um complexo de inferioridade. Também são conhecidas as consequências vitais dos estados de ânimo caracterizados pela ansiedade, pelo pessimismo ou por um sentido niilista do mundo (Luño; Colom, 2008, p. 159).

2.2.5 As paixões

Nos seres vivos que têm conhecimento, as inclinações naturais manifestam-se como apetites elícitos (extraídos, aliciados) e, para a psicologia, como tendência, atuando em dependência do objeto intencionalmente captado pelos sentidos (apetites sensitivos) ou pela inteligência (vontade).

São Tomás de Aquino chama de *paixão* os atos do apetite sensitivo. São paixões todos os atos dos apetites sensitivos (alegria, desejo, fuga etc.) com independência de si. Podem ser atos positivos ou negativos, violentos ou não violentos, causados pela vontade, aceitos por ela ou completamente involuntários (Tomás de Aquino, 2003, I-II, q. 22-47).

A paixão não é em si um impulso violento para uma ação imoral que dificulta o governo racional da conduta. É um componente normal da vida humana, que constitui frequentemente a base motivacional da ação.

A paixão implica, contudo, a ideia de passividade, de algo de que o sujeito padece ou que ocorre sem que ele tenha tomado a iniciativa. As paixões movem o sujeito para os objetivos concretos convenientes, aqui e agora, para suas faculdades sensitivas e que, portanto, são captadas como bem. Nesse sentido, as paixões constituem um apoio ou uma oposição ao bem global da pessoa.

De acordo com Lunõ e Colom (2008, p. 160-161), as paixões apresentam as seguintes características:

- Sua diversidade genérica baseia-se na distinção entre duas faculdades apetitivas na sensibilidade humana: o apetite concupiscível, ou impulso ao prazer, que tem como objeto o bem sensitivo deleitável, e o apetite irascível, ou impulso agressivo, cujo objeto é o bem deleitável, difícil de conseguir, ou o mal, difícil de evitar e que, assim, requer esforço e luta. Segundo esse critério, as paixões do apetite concupiscível sempre são diversas das do apetite irascível.
- Os objetos das paixões diferenciam-se segundo o bem e o mal e também segundo a presença ou ausência do bem ou do mal. As paixões que visam ao bem deleitável ausente (desejo) são diversas das que visam ao bem deleitável presente (gozo) e das que reagem ante o mal presente (tristeza) ou ausente (aversão).
- Somente para o apetite irascível se emprega um terceiro critério, que consiste em um diferente tipo de movimento ante um mesmo objeto: tendência para um bem árduo possível de alcançar (esperança) ou renúncia ao mesmo bem quando considerado impossível de alcançar (desespero).

Com base nesses três critérios, é possível enumerar as seguintes paixões, conforme Luño e Colom (2008, p. 161):

- No apetite concupiscível:
  a. fazendo abstração da presença ou ausência do objeto, há o amor para o bem e o ódio para o mal;
  b. respeito a um objeto ausente: desejo do bem e fuga ou aversão do mal;
  c. respeito a um objeto presente: gozo (ou alegria) do bem e tristeza ante o mal.
- No apetite irascível:
  a. respeito a um bem árduo e ausente considerado possível de alcançar (esperança) ou impossível de alcançar (desespero);
  b. respeito a um mal iminente que se supõe evitável: audácia[3]; que se supõe inevitável: temor;
  c. respeito a um mal presente: ira.

2.2.5.1 As paixões segundo o Catecismo da Igreja Católica

O artigo quinto do Catecismo da Igreja Católica trata da moralidade das paixões (CIC, n. 1762-1775), que está relacionada à ação voluntária e à razão. O artigo começa expondo como a pessoa humana se ordena para as bem-aventuranças e para os atos deliberados e de que modo as paixões contribuem para isso (CIC, n. 1762).

A obra segue o esquema dos manuais de moral, aqueles de características tomistas, expondo um conceito sobre as paixões ligado à afetividade sensível da pessoa humana. Esses sentimentos ou paixões são as emoções ou os movimentos da sensibilidade que inclinam a agir ou não em vista do que se sentiu ou se imaginou como bom ou mau (CIC, n. 1763).

---

[3] No campo da teologia moral, a audácia pode ser tanto positiva quanto negativa. Quando alguém é audaz, por exemplo, para conquistar uma pessoa casada, está utilizando essa qualidade para o mal. Por outro lado, quando alguém é audaz no campo da fé, com relação aos preceitos cristãos, essa qualidade está sendo utilizada para o bem.

O Catecismo também aborda a relação entre a vida moral e as paixões, em que as paixões recebem a qualidade moral na medida em que dependem efetivamente da razão e da vontade (CIC, n. 1767), utilizando como base a Suma Teológica (II-II, q. 24, a. 1). Nesse artigo, constata-se indiretamente que o Catecismo compreende as paixões como parte da ação interna do homem e por isso as toma como constituinte do ato humano.

A utilização desse tratado das paixões na composição da ação tem uma primeira fase nos manuais da casuística, apresentando a relação entre paixão e concupiscência em um tríplice sentido: o primeiro seria ao nível dos desejos; o segundo ao nível de gênero; e o terceiro uma inclinação do apetite sensível que tem relação com o pecado original (Prummer, 1946, p. 55).

Constata-se a presença do influxo das paixões nas ações voluntárias, como as paixões antecedentes, que diminuem os atos voluntários, perfeitos e livres; as paixões consequentes que, por modo de eleição, aumentam as ações voluntárias; e as paixões consequentes que, por modo redundante, não aumentam as ações voluntárias, mas são sinais da intenção voluntária (Prummer, 1946, p. 60-61).

Há também variações que aparecem na acentuação de termos que definem as paixões como "o movimento do apetite sensitivo nascido da apreensão do bem ou do mal sensível com certa comoção refletida mais ou menos intensa em seu organismo" (Royo Marin, 1986, p. 55, tradução nossa).

As paixões aparecem com uma conexão psicológica entre o apetite sensível e o racional, estando centradas no apetite sensitivo e na vida afetiva, caracterizando as inclinações desse apetite sensitivo. Por isso, o Catecismo as considera um sentimento do apetite sensível (CIC, n. 1763).

Pinckaers, ao analisar as paixões e as intenções, propõe que "as paixões fazem parte do que é intitulado como a consideração universal do agir moral que se chamará mais tarde a moral fundamental" (Pinckaers, 1988, p. 378, tradução nossa), ao mesmo tempo que a qualidade moral das paixões situa-se na relação entre a razão e a vontade, na qual se especifica a qualidade da ação moral. É com base na razão e na vontade que se constata a participação das paixões na composição dos atos humanos (Pinckaers, 1988, p. 381).

Para Pinckaers (1988, p. 381), sem o tratado das paixões na composição dos atos humanos, desaparecem a espontaneidade do agir humano e a sensibilidade espiritual em relação à interioridade das ações humanas.

2.3 A moralidade da ação

Esta seção tem como objetivo esclarecer a estrutura das ações morais mediante o conceito de *ato moral*. Conforme elucidaremos, o ato moral pode ser dividido em moralidade subjetiva e moralidade objetiva, as quais apresentam intenção, objeto da ação, circunstâncias e finalidade. Também demonstraremos as variações da ação moral e os obstáculos quem mudam a finalidade da ação.

2.3.1 Conceito de ato moral

Vamos considerar o ato humano como uma ação que procede de uma vontade livre e deliberada, entendendo que somente os atos livres são voluntários, originários da vontade livre, e que somente estes passam pelo juízo moral, diferentemente das ações, que são feitas por coação ou imposição de uma ação obrigada por outros. Dessa forma, o ato humano, para ser uma ação livre, precisa da vontade, da razão e dos elementos internos do homem, isto é, das tendências, dos sentimentos e das paixões.

O ato humano livre e deliberado distingue-se dos atos dos homens, que são "aqueles atos que independem da decisão livre e voluntária, tais como: funções ou sensações biológicas" (Konzen, 2007 p. 84), como a digestão, os batimentos cardíacos, os reflexos musculares que repuxam os nervos e em relação aos quais não temos controle. Exemplifiquemos com a história de Joãozinho. Quando a professora pergunta "Qual seria a coisa mais rápida?", Mariazinha responde: "A luz". Por sua vez, Pedrinho responde: "Os pensamentos". A professora pergunta a Joãozinho e este responde: "A diarreia, porque não dá tempo de pensar nem de acender a luz".

Os atos livres são o sujeito imediato da moralidade e da imoralidade, ou, mais exatamente, o sujeito da moralidade e da imoralidade, da pessoa enquanto atua livremente. O ser moral é uma qualidade específica e exclusiva do querer pessoal e de seus atos. Os fatos das outras faculdades humanas (pensamentos, lembranças, atos da faculdade nutritiva ou generativa, atividades econômicas etc.), assim como os impulsos instintivos, as paixões e os sentimentos são morais ou imorais somente enquanto imperativos ou consentidos livremente (Luño; Colom, 2008, p. 173).

Tanto os atos da vontade livre como os de outras faculdades imperativas ou consentidas livremente são chamados, em teologia moral, *atos humanos*, porque é próprio da pessoa humana ter a liberdade de efetuar ou não as ações, de realizá-las em uma forma ou em outra, determinando deliberadamente sua intencionalidade. Os atos humanos são aqueles dos quais o homem é o dono, porque, quando há liberdade, o ato será humano e, dessa forma, moral (Haro, 1992, p. 249).

Não podemos nos esquecer de que o ato livre que procede da vontade livre refere-se ao ato da pessoa, tal como se apresenta, ou seja, toda a pessoa, em sua integridade, está implicada nesse ato. É toda a sua vida, como pensava Elizabeth Anascombe[4], para quem a ação humana se caracteriza como um "conto", no qual se passa toda a história de uma vida.

Dessa forma, o que qualifica o ato humano, ou seja, o ato moral, é o fato de ser voluntário. Em que consiste essa voluntariedade da ação? A ação voluntária pode ser definida como aquela que procede de um princípio intrínseco, constitui sua essência e está acompanhada pelo conhecimento formal do fim, o qual significa que o sujeito conhece aquilo em função do que realiza a ação e o conhece expressamente como objeto de seu agir, valorizando sua conveniência, de tal maneira que o conhecimento ponderado do objeto é a origem e a causa do agir. Sem o conhecimento formal do fim, não existe ato voluntário, de modo que o termo *fim* expressa o objeto próprio da vontade (Luño; Colom, 2008, p. 175).

A voluntariedade aparece também como intencionalidade constitutiva do ato voluntário. Toda a teoria da ação moral pressupõe uma compreensão adequada da voluntariedade, que, em cada ato, assume o que a constitui em um tipo específico de ação. Com a voluntariedade, o ato moral não é um simples evento externo, mas interno.

A voluntariedade caracteriza-se por ser um dirigir-se deliberado e consciente para o objeto, porque inclui em sua íntima estrutura um juízo intelectual que projeta e valoriza como bem a ação ou aquilo que se alcança por meio da ação. É sempre também autorreferencial, pois afeta o sujeito pessoal, modificando-o e qualificando-o. Não é possível, por exemplo, roubar sem se converter em ladrão. Por outro lado, pode-se conhecer um roubo ou um homicídio sem manchar-se com essa culpa moral.

---

4 Gertrude Elizabeth Margaret Ascombe (1919-2001) foi uma expoente da filosofia analítica anglo-saxônica e teve importante contribuição no campo da lógica, da semiótica e da teoria da linguagem. Estudou em Cambridge com Ludwig Wittgenstein e, depois da morte do filósofo, foi curadora das edições de muitas de suas obras póstumas. Em 1970, ocupou em Cambridge a mesma cátedra de seu mestre.

2.3.2 A moralidade objetiva

Quando abordamos a moralidade da ação, não tratamos somente de sua subjetividade, mas também de sua objetividade. Assim, o ato humano será definido objetivamente, por sua conveniência ou não com o fim último do homem e, como essa conveniência deve ser conhecida pela razão humana, a regra imediata do bem e do mal reside no acordo ou no desacordo dos atos morais com a razão humana (Jolivet, 2018). De acordo com Jolivet (2018, p. 1), "os atos humanos não podem ser atos morais a não ser que procedam da vontade livre. Seu grau de valor moral dependerá, pois, do grau de liberdade com que forem realizados". Para ele, o ato voluntário apresenta duas condições que o caracterizam:

> Deve ser espontâneo, isto é, proceder de uma tendência própria e interior à vontade, senão é coagido e forçado. O fim deve ser conhecido como tal, senão o ato não é voluntário, mas natural ou instintivo, pois procede de um princípio interior cego, como é o caso da atividade vegetal ou animal. (Jolivet, 2018, p. 1)

Assim, os elementos que compõem a moral objetiva estão no objeto escolhido e no fim desejado, que podem ser alterados pelas circunstâncias, modificando-se o fim da ação para o bem ou para o mal.

O objeto pode ser algo que o ato realiza diretamente por si mesmo, enquanto esse algo é conhecido pela razão como em conformidade ou não com a lei moral. Assim, a esmola que se dá para ajudar a um necessitado visa ao auxílio deste para que tenha dignidade, sendo considerado algo bom. Desse modo, o objeto que constitui o início de toda ação moral visando a auxiliar os mendigos é algo moralmente bom, mas a pessoa pode, pelas circunstâncias, mudar a finalidade dessa ação se, em vez de dar a esmola para ajudar um pobre e crescer na caridade, tiver a intenção de buscar benefícios pessoais.

O objeto mostra-se por meio da eleição que indica a espécie moral do ato da vontade. Por exemplo, o adultério, que sempre é um erro eleger ou escolher, será sempre uma eleição que comporta uma desordem da vontade, isto é, um mal moral (CIC, n. 1755).

Uma intenção boa não pode fazer nem bom nem justo um comportamento imoral pelo seu objeto. Pelo contrário, uma intenção má converte em mau um ato que pode ser bom. O ato da vontade se especifica fundamentalmente pelo objeto (pelo fim ou bem) a que tende diretamente esse ato.

O objeto eleito confere a espécie à eleição (faz-se um tipo de eleição e não outro); o objeto da intenção confere a espécie ao ato do consentimento. A espécie de atos voluntários é uma espécie moral. A vontade segue a inteligência: a eleição humana é deliberada e a intenção humana está igualmente iluminada pelo juízo racional. O objeto da eleição e da intenção deve, portanto, ser julgado à luz dos princípios práticos naturais da razão, que são as virtudes morais (Tomás de Aquino, 2005b, II-II, q. 47, a. 6), de modo que esse juízo manifesta seu valor moral (Tomás de Aquino, 2003, I-II, q. 18, a. 9, ad. 3).

O objeto moral da eleição é a mesma ação externa eleita (roubar um automóvel) e não algo material da ação externa (o automóvel), ou seja, o verbo que indica a ação e não o objeto material. Se o objeto moral fosse o automóvel, as ações de roubar um automóvel e presentear alguém com um automóvel da mesma marca teriam o mesmo objeto moral, o que é falso.

O segundo elemento constitutivo dos atos morais são as circunstâncias. Para Jolivet (2018, p. 1),

> Entende-se por circunstâncias todos os elementos acidentais do ato. Quando as circunstâncias são puros acidentes, quer dizer, quando são independentes da situação do agente, não são capazes de especificar o ato moral. Ao contrário, quando implicam numa intenção especial do agente, seja por, seja contra a ordem da razão,

e são desejadas por si mesmas, as circunstâncias especificam o ato e podem mudar-lhe a natureza.

As circunstâncias são constituídas de elementos secundários, assim como as variações pessoais e ambientais de tempo e lugar, e contribuem para agravar ou diminuir a bondade e a malícia moral de um ato. Podem atenuar (tornar menos viva, menos grave, como o arrependimento diante da culpa) ou aumentar a responsabilidade de quem age, porém não podem fazer nem boa nem justa uma ação imoral por seu objeto (ato intrinsecamente mal). Elas são, conforme o caso, agravantes (roubar um pobre) ou atenuantes (roubar para alimentar os filhos na miséria) (Luño; Colom, 2008, p. 203).

As circunstâncias associadas ao objeto moral, em relação ao tempo, podem ser, por exemplo, um serviço atrasado que perde a eficácia; em relação ao lugar, a injúria contra uma pessoa em público ou em um lugar privado; em relação à quantidade do objeto, o valor da mercadoria roubada; e, em relação aos efeitos da ação, uma esmola que afasta quem a recebe de um grave perigo físico ou moral (Tomás de Aquino, 2003, I-II, q. 7, a. 3).

As circunstâncias também se relacionam com o agente: em relação à condição do agente que atua, ao modo de atuar, aos meios empregados (em que o uso de meios mais eficazes significa uma maior voluntariedade para o bem ou para o mal), aos motivos circunstanciais (por exemplo, realizar um serviço por cortesia, porém esperando reconhecimento ou compensação) (Luño; Colom, 2008, p. 203).

A moralidade do atuar humano não depende somente do fim e do objeto, mas também das circunstâncias físicas e morais. Uma circunstância física pode ser moralmente irrelevante em certos casos (se o ladrão está casado) e não o ser em outros (se quem realiza um adultério está casado). Outras vezes, algo que parece uma circunstância modifica a essência moral do ato e, portanto, não é uma circunstância moral no sentido estrito (por exemplo, roubar uma Igreja é um sacrilégio) (Luño; Colom, 2008, p. 203).

No sentido estrito, as circunstâncias morais comportam-se como acidentes do ato moral, cuja moralidade substancial vem do objeto e do fim. Assim, as circunstâncias aumentam ou diminuem a bondade ou a malícia do ato, sem converter um ato bom em mau ou um ato mau em bom e sem mudar sequer a espécie moral (CIC, n. 1754).

O terceiro elemento que completa a ação moral é o fim ou a finalidade que se deseja com a ação proposta. Esse fim tem uma característica subjetiva e é a intenção a que se propõe o agente moral em sua ação. O fim subjetivo pode não coincidir com o fim objetivo. Assim, pode-se dar esmola por outra razão que não seja o amparo aos necessitados (que é o fim objetivo da esmola e o que lhe dá sua existência moral), por exemplo, por pura vaidade. Nesse sentido, o valor moral dos atos vem materialmente do objeto do ato exterior e formalmente do fim ou da intenção de que procedem (Jolivet, 2018, p. 1).

O papel do fim na valorização moral tem uma qualidade moral pela qual a ação é escolhida e passa a influenciar a moralidade de um modo diverso segundo a classificação moral do objeto ao qual se inclina. As ações que por seu objeto são indiferentes convertem-se em boas ou más por causa do fim (Luño; Colom, 2008, p. 201).

Quando pensamos no fim da ação, este já foi definido na intenção quando se inclina ao objeto e quando foi pensado em um bem. Todas as nossas ações geram um fim e a somatória de todos os fins que alcançamos em nossa ação, principalmente de uma ação buscando um bem, procura alcançar o bem supremo, que é Deus.

Podemos exemplificar esse mecanismo entre intenção, objeto, circunstâncias e fim com base no que afirma Aristóteles sobre o ofício do sapateiro, o qual faz um belo sapato, vende-o e ganha dinheiro para sustentar sua família. É possível chamar a ação de fazer o sapato de *finis operis*, porém o sapateiro, além das razões colocadas, não somente faz um belo sapato e ganha dinheiro, mas também se aperfeiçoa e cresce como pessoa, sendo o fim não apenas ganhar dinheiro, mas alcançar uma vida virtuosa. Disso concluímos que

> Um ato concreto não será moralmente bom se não estiver conforme todos os seus elementos, objeto, intenção e circunstâncias. Talvez se imagine que isto não esteja bem de acordo com a intenção, mas isto seria esquecer que a intenção se refere ao ato por inteiro, e, por conseguinte, que ela não pode continuar boa se o objeto e as circunstâncias tiverem alguma coisa de essencialmente negativa. (Jolivet, 2018, p. 1)

2.4 Variações da ação moral

Na tentativa de dar uma resposta às ações humanas, propuseram-se ações para explicar as dúvidas de consciência em relação ao ato propriamente dito quanto à intenção e no tocante às circunstâncias e situações em que a pessoa se encontra.

O primeiro modelo que se apresenta é a **ação do duplo efeito**, na qual de uma única ação derivam dois efeitos, um bom e um mau, como as ações de Robin Hood, que roubava dos ricos e ajudava os pobres. É também chamado de **ato voluntário indireto**.

A ação do duplo efeito exige quatro condições para sua execução:

1. Que a ação seja boa ou pelo menos indiferente, não sendo certo realizar uma ação má, como mentir. Também não se pode fazer um mal para alcançar um bem, não estando certa a expressão "O fim justifica os meios".

2. Que o fim pretendido seja alcançar o efeito bom, sendo necessário que o bom efeito derive diretamente da ação e não do efeito mau. Por exemplo, não seria lícito provocar um aborto para salvar a reputação de uma jovem, pois o efeito primeiro seria o aborto.
3. Que o efeito primeiro e imediato que se segue seja o bom e não o mau. Por exemplo, uma pessoa que, ameaçada por um ladrão, entrega o dinheiro ou o carro ao assaltante para não morrer deve ter como fim salvar a própria vida.
4. Que exista uma causa proporcionalmente grave para atuar. Por exemplo, destruir um pequeno povoado para conseguir um arsenal de munições não é um motivo proporcionado ao efeito mau (Sada; Monroy, 1989, p. 27-28).

O segundo modelo é chamado de **atos intrinsecamente maus**, nos quais a ação, em sua intenção, já é considerada negativa. Conforme o Catecismo da Igreja Católica, há atos que em si mesmos, independentemente das circunstâncias e das intenções, são sempre gravemente ilícitos em razão de seu objeto, como a blasfêmia, o jurar falso, o homicídio, o adultério e o aborto (CIC, n. 1756).

A carta encíclica *Veritatis Splendor* refere-se à existência de um mal intrínseco:

> São os atos que, na tradição moral da Igreja, foram denominados "intrinsecamente maus" (*intrinsece malum*): são sempre e por si mesmos, ou seja, pelo próprio objeto, independentemente das posteriores intenções de quem age e das circunstâncias. Por isso, sem querer minimamente negar o influxo que têm as circunstâncias e sobretudo as intenções sobre a moralidade, a Igreja ensina que existem atos que, por si e em si mesmos, independentemente das circunstâncias, são sempre gravemente ilícitos, por motivo do seu objeto. (VS, n. 80)

São atos nos quais o fim que se aponta como objeto da ação intervém essencialmente em sua qualificação moral, assim como a presença de uma intenção má torna mau um ato que em si pode ser bom. A circunstância está contida nas consequências, as quais concorrem para agravar ou reduzir a bondade ou a malícia moral dos atos humanos. Assim, a circunstância não pode tornar boa e justa uma ação intrinsecamente má.

Também fazem parte dessa variação do ato moral o consequencialismo e o proporcionalismo.

O **consequencialismo** tem sua origem na utilização generalizada do princípio da causa do duplo efeito, que considera todos os efeitos ou as consequências do ato humano, mudando a concepção do julgamento moral, que consistirá em uma comparação entre as consequências boas e más da ação, fazendo-se um balanço da razão proporcionada, no qual o ato será bom se as consequências boas forem maiores e será mau se for o contrário. É possível também que o julgamento moral consista em uma estimação das consequências boas ou más segundo a perspectiva da razão proporcionada em vista do fim (Pinckaers, 1982, p. 189-190).

O **proporcionalismo** apresenta uma relação do ato com o objeto que dá origem à finalidade técnica nos mesmos moldes que apresenta a casuística. A moral aparece como uma construção de utilidade superior, uma técnica da perfeição do homem, em que podem entrar todos os valores humanos, como os meios relativos ao fim possuído, sendo evidenciada uma ligação com o utilitarismo. Este se define pelo útil, o qual, por sua vez, se define precisamente pela relação adequada entre o meio e o fim (Pinckaers, 1982, p. 97).

2.5 Elementos, obstáculos e méritos das ações morais

O ser humano, como vimos, é diferente das outras criaturas pela sua inteligência, pela autonomia do agir livre e por ter domínio sobre seus atos e ser responsável por eles. Ele é dono de seus atos pela vontade, pela inteligência e pela liberdade, que lhe são internos. Por isso, os elementos que constituem os atos humanos, seus obstáculos e méritos da ação, em face do ambiente em que se vive e do modo de conduta, são frutos de sua interioridade, itens de fábrica, criados assim por Deus.

2.5.1 Elementos que compõem o ato humano

a. **Imputabilidade moral**
Imputar significa atribuir uma ação a um ser humano. Para Luño e Colom (2008, p. 211, tradução nossa), "a imputabilidade é a qualidade que uma ação tem de ser atribuída ou, mais exatamente, o estado do homem como sujeito da ação em virtude do qual essa ação pode ser atribuída a ele como autor", sendo que somente as ações livres são moralmente imputáveis, isto é, o ser humano pode responder, diante de si mesmo e dos outros, em relação às ações que projetou e organizou. Ou seja, são ações atribuídas pelo mérito ou pela culpa moral.

Podemos usar como exemplo as pessoas que, sob o efeito de drogas ou de bebidas ou mesmo em um regime de governo totalitátio, muitas vezes não têm consciência de suas ações, mas podem atribuí-las às drogas e às bebidas.

b. **Advertência**

Antes de executar uma ação, pela intenção, o juízo da consciência já adverte o sujeito sobre as implicações morais de suas ações, sendo a advertência o ato mental pelo qual a pessoa se dá conta do que se dispõe a fazer ou do que está fazendo e da moralidade de sua ação. A advertência pode ser classificada pela:

- **Intensidade**: considera-se a maior ou menor percepção do ato ou de sua moralidade por parte do agente, que pode ser plena e claramente consciente; parcial, quando existem obstáculos que dificultam a plena consciência, como uma embriaguez parcial; e inadvertência, quando um obstáculo anula totalmente esse conhecimento.
- **Modalidade**: refere-se à característica do ato humano pela qual se adverte. A advertência da lei está relacionada à condição de saber a existência de uma lei moral, como não saber que existe a obrigação grave da missa dominical. A advertência do fato diz respeito à condição de ser consciente (ou não) de um ato concreto, cuja lei se conhece, por exemplo, saber (ou não) que hoje é domingo.
- **Atualidade**: a advertência atual ocorre se o sujeito é consciente do ato e de sua moralidade no momento em que o executa; a advertência virtual é a que tem uma pessoa que recebeu uma advertência atual e que a influencia no ato, como a advertência da meta que possui. Grande parte de nossas ações se realiza somente com advertência virtual.
- **Amplitude**: a advertência distinta ou clara ocorre quando se indicam, de maneira precisa, as particularidades éticas dos atos, por exemplo, pagar uma dívida considerando-se que é uma obrigação de justiça; a advertência genérica ou confusa ocorre quando se observa somente a bondade ou a malícia, sem

distinguir exatamente a moralidade específica do que se faz, por exemplo, quando se compreende que pagar os impostos é um bem, sem saber que se trata de uma obrigação de justiça (Luño; Colom, 2008, p. 212-213).

c. **Consentimento**

O consentimento é um querer racional eleito pela vontade no uso pleno da liberdade. É a concordância de não colocar obstáculos à vontade em querer um bem real e aparente que se apresenta à inteligência, assim como o consentimento para as ações em querer um mal (Haro, 1992, p. 282). Pode ser classificado em perfeito, imperfeito, direto ou indireto.

Quando a vontade adere plenamente ao bem real e aparente que lhe propõe a razão, o consentimento é perfeito. Podemos dizer que é o modo próprio do homem em agir em condições normais, como ajudar o outro ou brigar com alguém sabendo o que faz e querendo fazer (Haro, 1992, p. 283).

O consentimento está intimamente ligado à advertência; esta é uma condição daquele. Porém, o consentimento não é uma simples cópia da advertência, porque a vontade pode querer mais ou menos intensamente o bem conhecido e eleger entre diversos bens. O consentimento refere-se tanto à intenção do fim como à eleição das ações finalizadas (os meios).

2.5.2 Obstáculos aos atos humanos

Os obstáculos são os fatores que frustram ou diminuem uma ação concreta, como a ignorância, a violência, o medo, as paixões desordenadas e as doenças mentais.

a. **Ignorância**

Aqui não se trata da existência de um obstáculo que impede a aplicação do ato do conhecimento que normalmente se possui, mas do fato de que o conhecimento das circunstâncias da ação e, sobretudo, de sua moralidade é errôneo, isto é, considera-se boa uma ação que, na realidade, é má, ou vice-versa.

b. **Violência**

É uma ação exterior que força uma pessoa a agir contra a vontade. Também é chamada de *coação*.

Para que haja a violência ou coação, esta deve ser exercida por outra pessoa que se oponha ao querer do sujeito. É o caso, por exemplo, das ações externas que podem ser impostas com violência física, como uma pessoa que é obrigada a tirar a vida do outro sob a ameaça da própria morte (Haro, 1992, p. 226).

c. **Paixões desordenadas**

Ocorrem quando uma pessoa age por ímpeto, sem pensar antes. É o caso da violência no futebol entre duas torcidas rivais. Tanto uma como a outra agem movidas pela paixão ao clube pelo qual torcem, levando a atos de violência contra o outro. Assim sucede com um casal em que o marido é violento com a esposa.

d. **Medo**

É um estado de ânimo que influi na liberdade, uma perturbação da alma ante um perigo real ou imaginário, um temor que chega a instabilizar a razão.

O medo pode ser dividido em grave ou leve, segundo a importância do dano temido e a efetividade do risco. O medo grave ocorre quando uma pessoa se coloca em risco de morte e o medo leve quando se está diante de uma doença que não seja grave ou mesmo quando existe o medo de perder um bem material para pagar as dívidas (Haro, 1992, p. 337).

e. **Enfermidades mentais**
São as difunções somáticas, do corpo ou psíquicas, que impedem total ou parcialmente o uso da razão ou debilitam o autodomínio da vontade (Haro, 1992, p. 339).

2.5.3 Méritos das ações

Os méritos são as retribuições devidas a uma ação ou conduta. O conteúdo é o próprio homem que, ajudado pela graça, doa-se a Deus em uma ação boa, recebendo como recompensa a doação do próprio Senhor.

Podem ser condignas, quando devidas em justiça, ou côngruas, quando supõem uma conveniência ou um pagamento.

As condições do mérito são as seguintes:

- Que seja um ato humano livre: sem a liberdade, não existe o mérito, porque ninguém merece um prêmio se não age com plena liberdade e responsabilidade.
- Que seja um ato bom. Só os atos direcionados a Deus têm a promessa da retribuição.
- Que seja o agir de um homem justo.
- Que a ação boa seja cumprida por uma pessoa em graça; que não se tomem decisões sem estar na graça.
- A medida do mérito depende da qualidade do amor da pessoa, como amar a um amigo ou a um inimigo; perdoar um amigo ou um inimigo.
- Se a doutrina do mérito é aplicada corretamente, o cristão nunca se torna um egoísta ou um "caçador de recompensas". O cristão não ama por merecer, mas merece porque ama (Rm 14,6-8; Cor 8,7-8). O prêmio procurado é o amor e a união com Cristo (Luño; Colom, 2008, p. 221-224).

Este capítulo tratou da ação moral e suas variações. Abordamos as intenções que temos ao agir escolhendo um objeto que direciona essa ação e analisamos as circunstâncias que podem alterar o fim desejado da ação que foi pensada na intenção.

Síntese

- O ser humano é criado à imagem e semelhança de Deus, por isso deve agir livremente e tem domínio sobre suas ações. Essas ações podem ser usadas para se dirigir a Deus, então o homem é *capax Dei*, isto é, capaz de Deus.
- Segundo São Tomás de Aquino, o ser humano, por ser imagem de Deus, é inteligente, tem livre-arbítrio e é senhor de seu agir. Por isso, o homem é um ser moral. A pessoa humana foi criada para ter um agir moral adequado e, por isso, refletir a imagem divina em seu agir, então suas ações não devem ser contrárias à sua dignidade.
- O ser humano tem impulsos e desejos que fazem parte de suas necessidades vitais. O mundo torna-se resultado dos interesses humanos relacionados a esses impulsos. Pelos impulsos do intelecto e da vontade, a pessoa humana pode alcançar um alto grau de objetividade na compreensão de si mesma e do mundo.
- O ser humano tem inclinações naturais, que são uma ordenação metafísica que orienta a pessoa para a perfeição ou o fim da própria natureza, que obedece à lei natural. Há três grupos de inclinações naturais: a) as que a pessoa humana tem em comum com todas as substâncias, como a conservação da vida e a nutrição; b) as que o ser humano tem em comum com os animais, como a reprodução e o cuidado com a prole; c) as próprias da pessoa humana racional, como a sociabilidade e a amizade.
- O ser humano também tem tendências, que são manifestações dinâmicas das inclinações naturais humanas no nível de atividades

psicológicas. As tendências apresentam as seguintes características: a) são um reflexo psicológico; b) são um movimento do estado de necessidade até o futuro de satisfação; c) são uma meta; d) algo na tendência é dado, portanto é passiva, não é escolhida.
- Os sentimentos são uma ressonância das manifestações das tendências, apresentam um caráter passivo e independem de serem deliberados. São reações orgânicas, psíquicas ou espirituais causadas pela percepção do bem ou do mal. Estão muito próximos das tendências, por isso compartilham da mesma classificação de Philipp Lersch.
- As paixões distinguem-se pelos seguintes critérios: a) pela distinção das faculdades apetitivas, a concupiscível (impulso ao prazer) e a irascível (esforço para o alcance do bem deleitável); b) segundo o bem e o mal no objeto da paixão; c) como um objeto árduo de busca (a esperança) ou que é impossível de alcance (desespero).
- As paixões são classificadas entre os apetites concupiscível e irascível.
- No Catecismo da Igreja Católica, as paixões são caracterizadas como contribuições dadas para as ações humanas que se dirigem para a bem-aventurança divina. As paixões estão ligadas à afetividade da pessoa e à vida moral, pois dependem da razão e da vontade.
- Um ato humano é diferente dos atos dos homens. Os atos dos homens independem da razão e da vontade, mas estão ligados aos fatores biológicos, enquanto os atos humanos estão ligados à decisão do homem e ao impulso da vontade. Assim, um ato humano está ligado a um juízo deliberado que projeta e valoriza o bem e o mal, modificando o sujeito que o realiza.
- O ato humano pode ser objeto de uma moralidade objetiva, dependendo da conveniência ou não de determinada ação em relação ao fim último do homem. Tal objeto de ação moral se revela na eleição da ação, que indica a espécie moral do ato da vontade. Assim, uma intenção má pode transformar um ato bom em mau, mas uma boa intenção não pode transformar uma ação má em boa.

- A ação moral é composta de eleição (intenção), circunstâncias (espaço e tempo) e fim (finalidade).
- A ação moral tem variações. Uma delas é a ação de duplo efeito, na qual uma ação boa tem dois efeitos, um bom e um mau. Outra variação é o ato intrinsecamente mau, no qual o ato é um mal em si mesmo, independentemente da intenção, da finalidade ou da circunstância.
- Nas ações morais, a finalidade, a intenção e, principalmente, as circunstâncias podem aumentar ou diminuir a gravidade da imputabilidade moral ao sujeito.
- Duas correntes de interpretação da ação moral são o consequencialismo, no qual toda ação tem diversos efeitos e devem-se medir as consequências do ato para a realização da escolha, e o proporcionalismo, em que há uma relação entre o ato e a proporção de bem e mal que causa. Isso deve ser medido e o resultado determinará se a ação é boa ou má.
- Entre os elementos que compõem o ato humano estão a imputabilidade moral, a advertência e o consentimento.
- Imputar significa atribuir uma ação a determinado homem, desde que seja realizada de forma deliberada e consciente, e assim se atribui o mérito ou a culpa moral.
- A advertência é um juízo da consciência que antes da ação moral adverte sobre a implicação moral de determinada ação. A advertência pode se dar pela intensidade (plena, parcial ou nula); pela modalidade (lei ou fato consciente que corresponde à lei); pela atualidade (atual ou virtual); e pela amplitude (se é uma advertência distinta e clara ou se é confusa e não se sabe a moralidade do ato com distinção).
- O consentimento é o querer racional pela vontade no uso da liberdade. Nesse sentido, uma vez que se deseje um bem, é preciso que a vontade dê o consentimento para a realização de tal ação, assim como a razão. O consentimento é perfeito quando a vontade adere ao bem real que a razão propõe.

- Podem ocorrer obstáculos aos atos humanos: a ignorância, ou seja, a falta de conhecimento; a violência, na qual a pessoa age contra a própria vontade; as paixões desordenadas, quando a pessoa tem um hábito negativo muito forte; o medo, no qual o estado de alma está perturbado e chega a instabilizar a razão; e as enfermidades mentais.
- As ações morais são imputáveis de méritos, ou seja, uma conduta moral positiva é digna de retribuição. No caso, o homem que realiza ações boas recebe como recompensa a doação do próprio Senhor. Contudo, o mérito tem condições, como ser livre, ser um ato bom, justo, realizado de forma gratuita e feito com motivação no amor. Por isso, o cristão tem mérito porque ama, e não o inverso.

Indicação cultural

Vídeo

A GUERRA do fogo. Direção: Jean-Jacques Annaud. França/Canadá, 1981. 101 min.

A tribo Ulam é menos desenvolvida e ainda acha que o fogo é algo sobrenatural. Quando a fonte de fogo deles se apaga, eles vão em busca de outra chama e encontram a tribo Ivaka, um grupo mais desenvolvido com hábitos e comunicação mais complexas.

Atividades de autoavaliação

1. Sobre a afirmação "o ser humano é criado à imagem e semelhança de Deus", é correto afirmar que:
   a) o agir humano é independente de Deus e pode determinar seu ser.
   b) o ser humano tem um papel primário na obra da salvação e no retorno a Deus.

- c) o ser humano, como criatura que é imagem de Deus, tem uma orientação necessária a Deus, independentemente de sua liberdade.
- d) o ser humano torna-se livre em seu agir e, por meio dessa liberdade, pode se dirigir a Deus.

2. Sobre as consequências de a humanidade ser imagem e semelhança de Deus, é **incorreto** afirmar que:
   - a) o ser humano é *capax Dei*, ou seja, capaz de se relacionar com Deus.
   - b) a imagem de Deus no ser humano é dinâmica, indicando suas faculdades internas, como inteligência, vontade e livre-arbítrio.
   - c) para São Tomás de Aquino, há três consequências de ser imagem: inteligência, livre-arbítrio e ser senhor do próprio agir.
   - d) o homem, por ser livre, pode determinar a própria vida moral, de modo que sua dignidade está na determinação de sua vida moral.

3. Sobre as inclinações naturais, é possível afirmar que:
   - a) são uma categoria metafísica, em que o homem é ordenado para a própria perfeição e, em virtude da lei natural inscrita em seu coração, ele tende para alguns bens com a finalidade da perfeição.
   - b) as inclinações naturais têm um forte caráter psicológico, mais que metafísico, utilizando-se das categorias e faculdades internas dadas ao homem por ser imagem de Deus, e assim suas inclinações naturais estão na sensibilidade.

c) pode-se falar de dois grupos de inclinações naturais: aquelas que o ser humano tem em comum com os animais, como a reprodução, e aquelas que o caracterizam como racional, como o amor.

d) as inclinações naturais não derivam do fato de o ser humano ser imagem de Deus, mas do fato de adquirir dignidade pela vivência da vida moral orientada para Deus.

4. Indique se as afirmações a seguir são verdadeiras (V) ou falsas (F) no que se refere às paixões:

( ) Elas se manifestam como elícitas (extraídas) e atuam como dependência do objeto intencionado pelos apetites sensitivos ou pela vontade.

( ) As paixões são os atos do apetite sensitivo, causados pela vontade ou completamente involuntários.

( ) A paixão implica total atividade, na qual o sujeito sempre toma a iniciativa de a ter.

( ) As paixões podem ser divididas em concupiscível e irascível.

( ) Segundo o Catecismo da Igreja Católica, as paixões contribuem para a vivência das bem-aventuranças.

Assinale a alternativa correspondente à sequência obtida:

a) F, F, V, V, F.
b) V, V, F, F, F.
c) V, V, F, F, V.
d) V, F, F, V, V.

5. Indique se as afirmações a seguir são verdadeiras (V) ou falsas (F) no que se refere aos atos morais:

( ) *Ato humano* e *atos dos homens* são termos sinônimos, havendo somente uma diferença histórica entre eles, que atualmente são compreendidos de maneira igual.

( ) Os atos da vontade livre são chamados de *atos humanos*, pois é próprio do homem realizá-los valendo-se de sua liberdade ou não realizá-los.

( ) O que qualifica os atos humanos é serem voluntários, partindo da essência do homem.

( ) O ato moral é constituído de elementos como eleição, objeto, circunstância e fim da ação.

( ) A circunstância não altera o fim do ato moral.

Assinale a alternativa correspondente à sequência obtida:
a) V, V, F, V, F.
b) F, V, F, F, V.
c) V, F, V, F, V.
d) F, V, F, V, F.

Atividades de aprendizagem

Questões para reflexão

Leia a seguir um trecho da constituição pastoral *Gaudium et Spes*.

Constituição do homem: sua natureza

14. O homem, ser uno, composto de corpo e alma, sintetiza em si mesmo, pela sua natureza corporal, os elementos do mundo material, os quais, por meio dele, atingem a sua máxima elevação e louvam livremente o Criador. Não pode, portanto, desprezar a vida corporal; deve, pelo contrário, considerar o seu corpo como bom

e digno de respeito, pois foi criado por Deus e há de ressuscitar no último dia. Todavia, ferido pelo pecado, o homem experimenta as revoltas do corpo. É, pois, a própria dignidade humana que exige que o homem glorifique a Deus no seu corpo, não deixando que este se escravize às más inclinações do próprio coração. Não se engana o homem quando se reconhece por superior às coisas materiais e se considera como algo mais do que simples parcela da natureza ou anônimo elemento da cidade dos homens. Pela sua interioridade, transcende o universo das coisas: tal é o conhecimento profundo que ele alcança quando reentra no seu interior, onde Deus, que perscruta os corações, o espera, e onde ele, sob o olhar do Senhor, decide da própria sorte. Ao reconhecer, pois, em si uma alma espiritual e imortal, não se ilude com uma enganosa criação imaginativa, mero resultado de condições físicas e sociais; atinge, pelo contrário, a verdade profunda das coisas.

Dignidade do entendimento

15. Participando da luz da inteligência divina, com razão pensa o homem que supera, pela inteligência, o universo. Exercitando incansavelmente, no decurso dos séculos, o próprio engenho, conseguiu ele grandes progressos nas ciências empíricas, nas técnicas e nas artes liberais. Nos nossos dias, alcançou notáveis sucessos, sobretudo na investigação e conquista do mundo material. Mas buscou sempre, e encontrou, uma verdade mais profunda. Porque a inteligência não se limita ao domínio dos fenômenos; embora, em consequência do pecado, esteja parcialmente obscurecida e debilitada, ela é capaz de atingir com certeza a realidade inteligível.

Finalmente, a natureza espiritual da pessoa humana encontra e deve encontrar a sua perfeição na sabedoria, que suavemente atrai

> o espírito do homem à busca e amor da verdade e do bem, e graças à qual ele é levado por meio das coisas visíveis até às invisíveis.
>
> Mais do que os séculos passados, o nosso tempo precisa de uma tal sabedoria, para que se humanizem as novas descobertas dos homens. Está ameaçado, com efeito, o destino do mundo, se não surgirem homens cheios de sabedoria. E é de notar que muitas nações, pobres em bens econômicos, mas ricas em sabedoria, podem trazer às outras inapreciável contribuição.
>
> Pelo dom do Espírito Santo, o homem chega a contemplar e saborear, na fé, o mistério do plano divino.

Fonte: Concílio Vaticano II, 1965.

Agora, responda:

1. Como a natureza humana foi constituída por Deus?
2. Por sermos criados à imagem e semelhança de Deus, somos dotados de entendimento. Como se caracteriza o entendimento em nós?

3
A liberdade

Quem nunca se perguntou o que é a liberdade e como se estabelece no ser humano? A liberdade é uma inclinação natural com a qual o indivíduo nasce, faz parte da natureza humana. Deus dotou o homem de liberdade porque, sendo também dotado desta, criou-o à sua imagem e semelhança.

Junto com a inclinação à liberdade, aparecem outras duas inclinações: a inclinação natural ao bem e a inclinação natural à verdade, que refletem o princípio de que o homem foi feito à imagem e semelhança de Deus, ou seja, também fazem parte da natureza humana, são itens de fábrica, porque refletem o Criador, Deus, que é o sumo bem e a verdade suprema.

Essas três inclinações naturais constituem a base não somente de um nível físico ou biológico, mas também espitirual, que significa a interioridade e a espontaneidade do ser humano.

Essa redescoberta da natureza espiritual relaciona-se com a liberdade como fundamento, de forma que a natureza espiritual não se contrapõe à liberdade humana, mas a funda e a forma, junto com as inclinações naturais à verdade e ao bem.

A vida moral está ligada às inclinações naturais, que constituem a espontaneidade espiritual do homem. São a origem do agir voluntário e livre e, por consequência, da teologia moral.

Neste capítulo, abordaremos a inclinação natural ao bem, que está ligado às intenções. A intenção pensada sempre será um bem, como vimos no capítulo anterior, e esse bem poderá ser modificado pelas circunstâncias. A verdade é o canal que liga o indivíduo a Deus, a origem da religião no homem, pela qual este, por sua inclinação natural, acredita em um ser superior à sua condição.

Com relação à liberdade, veremos a liberdade como inclinação natural e como livre-arbítrio, a finalidade da liberdade, os tipos de liberdade, a liberdade de autodomínio, a liberdade e a responsabilidade e a liberdade dos filhos de Deus.

3.1 As inclinações naturais ao bem e à verdade

Segundo Pinckaers (1988, p. 499), o fundamento da liberdade está na universalidade das inclinações naturais à verdade e ao bem.

Recordando o que mencionamos no capítulo anterior, quando se pensa em executar uma ação, existe uma intenção para alcançar o objeto e atingir o fim proposto. Na intenção, pensa-se no bem da ação e não em um mal. Esse bem tem seu fundamento na razão e na vontade, é um agir livre e voluntário. Para Pinckaers (1988, p. 499, tradução nossa), "essa ação voluntária reside na apreensão do bem pela inteligência, de caráter universal, projetando na vontade uma inclinação para o bem em toda a sua universalidade".

A ação voluntária procede da natureza que se encontra na inclinação para o bem, que, por sua vez, é capaz de conhecer e de querer o bem dentro dessa universalidade, com características de um agir livre, ou seja, a pessoa se projeta para o bem ou para o mal por meio de uma ação livre (Pinckaers, 1988, p. 499-500).

A inclinação natural ao bem, em que se move o desejo, tem nesse bem aquilo que é digno de ser amado e desejado. O bem é definido como um desejo ligado a todos os atos da vontade. O desejo ao bem é um ato interior no homem, que compõe o caráter universal do bem, correspondendo também à verdade, que tem sua origem na experiência.

O bem, movido pelo desejo, apresenta três características: a **perfeição**, a **felicidade** e o **fim**. A perfeição deriva da inteligência e da vontade, que vão compor os elementos essenciais da ação moral. O bem realiza-se na ideia da felicidade, sendo a causa da felicidade, a qual realiza a plenitude do bem, a perfeição e o fim (Pinckaers, 1988, p. 523-527). A terceira característica liga o bem ao fim da ação desejada, de modo que a ação moral será uma ação finalizada. Segundo São Tomás de Aquino, esse fim refere-se ao fim último do homem, no qual este, por sua natureza, age em vista de um fim, sendo que toda a ação do homem tende a um fim e a somatória do fim dessas ações tem como meta atingir o fim supremo, maior, que é seu criador (Tomás de Aquino, 2003, I-II, q. 1, a. 1).

O bem desejado é aquele que se torna conhecido e ao qual o ser humano direciona seu querer, transformando-se em um bem perfeito porque cumpriu seu papel. É o bem alcançado pela felicidade, sendo o bem que o homem quer com suas ações, que é alcançar a Deus.

Além da inclinação natural ao bem, o homem tem a inclinação natural ao conhecimento da verdade, porque, partindo do princípio de que o ser humano foi criado por Deus, Ele dotou a humanidade desses atributos – o bem, a verdade e a liberdade –, dado que Deus os possui de um modo pleno e infinito. Assim, podemos falar dessa inclinação ao conhecimento da verdade como uma inclinação natural no homem e constitutiva de sua inteligência, que "se manifesta em uma simples curiosidade, tão espontânea no homem, particularmente na criança, que se poderia definir como um animal curioso, sempre atraído pela novidade" (Pinckaers, 1988, p. 540, tradução nossa).

Aqui é retomada a ideia de que o desejo do conhecimento é inerente ao homem, sendo um amor à verdade e que leva à vida contemplativa, na qual a preocupação principal é a procura, a consideração e a alegria de uma verdade suprema, que é Deus.

Essa verdade relaciona-se, em um âmbito moral e espiritual, não somente com questões de direitos e deveres, mas com um progresso em direção ao conhecimento verdadeiro, principalmente em relação à fé que o cristão professa e à teologia como base teórica.

Ajuda também, no contexto desse progresso espiritual rumo ao conhecimento da verdade, o conhecimento da virtude teologal da fé. Das virtudes teologais originam-se as fontes da teologia moral, como a virtude da fé, que expressa a revelação de Deus por meio das fontes escriturais, apresentando uma moral revelada pela fé. Assim, entendemos a Escritura como fonte escritural da moral.

Uma terceira relação da inclinação natural à verdade é o sentido natural da religião, que no ser humano é o canal que liga o homem a Deus por meio de sua interioridade, a qual se expressa em um ser espiritual e principalmente pela revelação, e por meio de sua exterioridade, a qual se expressa na ética, que são ações visíveis e que ajudam a viver e se relacionar com o outro com base na verdade.

A virtude da religião, segundo São Tomás de Aquino, "quer [...] se refira à frequente leitura, quer à reeleição daquilo que por negligência se perdeu, quer à religação, propriamente, implica orientação para Deus" (Tomás de Aquino, 2006, II-II, q. 81, resposta 1), mostrando a necessidade que todo homem tem de prestar culto a Deus como algo natural e intrínseco por sua própria natureza.

São Tomás de Aquino enumera três pontos que ajudam na compreensão da virtude da religião pela verdade.

No primeiro ponto, ele enumera duas ações, próprias e imediatas, produzidas pelo homem, mediante as quais este se orienta somente para Deus, como sacrificar, adorar e coisas semelhantes. Também se constatam atos produzidos pelas virtudes sobre as quais impera a religião, ordenando a reverência divina. O homem, nessa perspectiva, tem a inclinação natural para um ser superior, que está acima dele, e oferece sinais de adoração, como o sacrifício, suas orações e suas preces (Tomás de Aquino, 2006, II-II, q. 81, 1º).

No segundo ponto, retomando Santo Agostinho, São Tomás de Aquino afirma que a religião não se aplica a outro que não seja Deus (Tomás de Aquino, 2006, II-II, q. 81, 2º), criador de todas as coisas e do homem, de quem espera reverência.

No terceiro ponto, o homem é servo perante seu Senhor. Existe uma razão de domínio e uma razão de servidão (Tomás de Aquino, 2006, II-II, q. 81, 3º), não significando uma relação de tirania, mas de amor, na qual Deus merece ser amado por ser quem é e o homem tem o dever de amar seu criador, pois Ele lhe deu a vida.

3.2 A inclinação natural à liberdade

Assim como o bem e a verdade, a liberdade é uma inclinação natural, ou seja, o homem nasce com ela, é um item de fábrica, que faz parte da composição da pessoa humana e também está ligada às ações livres que o ser humano executa.

Podemos afirmar que a liberdade é o domínio sobre os próprios atos e permite direcionar o querer para o objeto desejado na intenção. Segundo Haro (1992, p. 255, tradução nossa), o que define a liberdade "é o poder de dirigir os próprios atos: é a capacidade da criatura espiritual de mover-se por si mesma ao fim, de buscar e agir para um bem que lhe convém à sua natureza, crescendo assim em perfeição; reside no domínio com que o homem, graças às suas potências espirituais, ordena suas ações".

O que caracteriza uma criatura espiritual, criada à imagem e semelhança de Deus, é sua inteligência e sua vontade. Além disso, o fato de ser dotada de uma alma dá a essa criatura espiritual espontaneidade para agir segundo sua interioridade e no que ela tem de mais subjetivo. Por isso, quando falamos que a criatura se move por si mesma em direção a um bem, rumo à perfeição, não podemos excluir que tem a necessidade moral de fazer o bem, mas que a liberdade lhe confere a capacidade de encaminhar-se por si mesma para esse bem, sem que os fatores externos a forcem (Haro, 1992, p. 256).

Pinckaers (1988, p. 455, tradução nossa) refere-se à liberdade como um germe que "nos é dado por uma espontaneidade específica, nascida de uma natureza espiritual do homem e que se pode muito bem comparar com as disposições requeridas para empreender as artes e os ofícios". A liberdade é apresentada como um empreendimento, um germe, e, ao nascermos com ele, temos toda a nossa vida para desenvolvê-lo e aprimorá-lo. É como construir uma casa começando com os alicerces, sua fundação, depois erguemos as paredes e, por fim, o telhado.

Podemos dizer, então, que a liberdade formada em nós constituirá "o sentido do verdadeiro e do bem, da retidão e do amor, pelo desejo do conhecimento e da felicidade" (Pinckaers, 1988, p. 455, tradução nossa).

Com base na ideia de liberdade como inclinação natural, podemos falar da liberdade como livre-arbítrio, a primeira manifestação de liberdade que o ser humano possui. Essa liberdade manifesta-se na relação com Deus e situa-se no centro de nossa existência e de nossa experiência, na origem de nosso querer e de nossos atos. A liberdade somos nós mesmos, no que temos de mais pessoal (Pinckaers, 1988, p. 419).

Definindo-se *liberdade* como livre-arbítrio, considera-se que seu procedimento venha não só da vontade como um sistema autônomo, mas que está radicado em duas faculdades: inteligência e vontade, constituindo a natureza do homem (Pinckaers, 1988 p. 510). O conhecimento da liberdade vem da capacidade de reflexão sobre os atos, que leva a agir em busca de um bem.

A liberdade caracteriza-se como um agir íntimo, que nasce do interior do homem. Assim, para definir *liberdade*, é preciso ver "não somente aquela liberdade exterior que consiste na simples ausência de pressao, mas esse poder interior de agir, de ter iniciativa própria que nós pretendemos possuir e que é o fundamento de nosso direito à liberdade exterior" (Pinckaers, 1964, p. 332, tradução nossa).

A liberdade prevê uma iniciativa para agir que nasce do interior do homem e que se desenvolve na ação prática, no atuar livre. A liberdade, então, "encontra-se no coração de nossa existência, no centro de nossa experiência, na fonte de nosso querer e de nossos atos" (Pinckaers, 1988, p. 420, tradução nossa).

A inclinação natural é a fonte mais profunda da espontaneidade que vai formar o querer em nós. O fundamento da liberdade em relação aos próprios atos está na realização das inclinações naturais, sendo o que podemos fazer de mais espontâneo.

Se a liberdade é essa inclinação natural que todos nós possuímos e nos dá a capacidade de distinguir as boas das más atitudes, é preciso compreender sua finalidade. Podemos afirmar que a liberdade tem como fim para o homem amar e decidir fazer a vontade de Deus (Haro, 1992, p. 257), indo contra a ideia de muitos de que liberdade é ausência de pressão ou fazer o que se deseja de um modo deliberado contrário a seu fim. Citamos como exemplo uma pessoa que decide viajar de carro para a cidade A e, por livre vontade, decide ir por uma estrada totalmente diversa de seu destino. Ela poderá chegar a seu destino, mas demorará mais tempo ou estará sujeita ao risco de não chegar. No entanto, se pegar a estrada certa, sabendo que chegará a seu destino, não se importará com as placas de orientação na estrada porque sabe que elas são a segurança para chegar ao destino. Assim, a liberdade, quando direcionada a fazer a vontade de Deus, não é um peso ou meras normas que devem ser seguidas para se chegar com segurança ao fim desejado.

Com esse exemplo, vem ao nosso pensamento a questão do pecado, isto é, a capacidade do ser humano de praticar o mal como fruto de sua liberdade. A possibilidade de pecar não pertence à essência da liberdade, "não é essencial à liberdade a indiferença da vontade diante de um bem ou do mal, e muito menos a possibilidade de tomar partido pelo mal" (Haro, 1992, p. 255, tradução nossa). Notamos que, quando se faz a eleição do mal, há uma deficiência da liberdade.

Quando se afirma que somos livres para pecar e fazer o mal, isso não significa que a essência da liberdade tem como fundamento também a maldade, porque a essência da liberdade vem de Deus.

A liberdade é como um item original, nascemos com ela, Deus nos dotou dessa faculdade porque Ele é a suma liberdade e, se não nascêssemos livres, não seríamos criaturas à sua imagem e semelhança. Por isso, também nascemos seres morais com o senso de direcionar nossas ações para um bem e com o senso de distinguir o bem do mal. Nesse sentido, Pinckaers mostra verdadeiro significado da liberdade quando direcionamos nossas ações a Deus e fazemos sua vontade:

> O poder de pecar é um acidente da liberdade, inclusive no que toca à condição de criatura e de homem sobre a Terra. A liberdade maior é a de Deus, que, sendo impecável, é plenamente criadora, sem limite interior à sua potência. Por isso, quanto mais se aproxima o homem de Deus pelo progresso moral que ele desencadeia da inclinação ao pecado, tanto mais avança para a plena liberdade na participação da liberdade divina mesma. (Pinckaers, 1988, p. 479, tradução nossa)

Dessa maneira, podemos entender que a verdadeira liberdade, quando o homem se sente realmente livre, é aquela em que ele faz em tudo a vontade de Deus, ou seja, quando o que faz está de acordo com o querer de Deus.

3.3 Tipos de liberdade

O ser humano diferencia-se das demais criaturas por sua racionalidade e sua liberdade. A humanidade pode intervir no processo de sua atuação: decidir ou abster-se, interromper o que tinha determinado ou escolher entre múltiplas opções. Essa capacidade de decidir atuar ou abster-se, de se determinar por uma coisa ou outra, é o que podemos entender por *liberdade* (Fernández, 2004, p. 89-90). Liberdade, como vimos, é a capacidade interior da pessoa mediante a qual a vontade pode optar entre querer ou não querer e escolher entre diferentes possibilidades, o que determina o tipo de liberdade que se apresenta no movimento da ação ao expressar sua vontade.

a. **Liberdade de autodomínio**

Liberdade de autodomínio é a liberdade que não se diferencia da vontade, mas caracteriza-se como um autodomínio do homem em relação à própria perfeição temporal e eterna, adquirindo um progresso no amor a Deus e ao próximo, principalmente em relação às suas reações diante de uma decisão que não leva em conta as paixões e as emoções.

Em oposição à liberdade de autodomínio, pode-se cometer o erro de pensar que essa liberdade gera uma certa neutralidade da vontade entre as possibilidades que se apresentam, como diante de uma reportagem que fala mal da Igreja, situação em que somos livres para defendê-la ou para ficar em uma posição de neutralidade.

Dessa maneira, a liberdade não se opõe ao dever de agir bem. Seria errado pensar que onde há amor ou atração a um bem não existe a liberdade, sendo que a liberdade é o poder de fazer as coisas que se quer e, portanto, por amor ao bem (Haro, 1992, p. 259-261).

b. **Liberdade de coação ou de restrição**

Liberdade de coação ou de restrição é a condição do sujeito que não está obrigado ou impedido por agentes externos em seu atuar, não tendo essa liberdade o escravo, o prisioneiro e aqueles que, por uma lei ou pela força, são impedidos de se expressarem ou de fazerem o que quiserem.

É uma liberdade que permite realizar externamente o que se decidiu fazer e também pode referir-se ao querer quando está diretamente submetido a uma coerção interior, por exemplo, sob o efeito de certas drogas ou sistemas de torturas, ou mesmo à liberdade de não querer fazer o mal quando se é obrigado (Luño; Colom, 2008, p. 121).

c. **Liberdade de escolha**

Liberdade de escolha é aquela que não se fixa tanto na possibilidade de fazer o que se decidiu fazer, e sim na ausência de necessidade interna para tomar uma decisão ou outra. É propriamente a liberdade do querer, que se chama comumente de *liberdade psicológica*.

A liberdade de escolha é chamada de *livre-arbítrio* pela filosofia clássica e implica a realização autônoma de um ato da vontade que se coloca entre o "pode" e o "não estou obrigado" (Luño; Colom, 2008, p. 122-124).

d. **Liberdade como valor e tarefa moral**

A liberdade como valor e tarefa moral diz respeito ao bom uso da liberdade de escolha ou ao valor que supõe a livre afirmação do bem e, por contraste, a degradação que causa no mundo espiritual que um ser inteligente eleja o que ele sabe que é mau ou que rejeite o que ele sabe que é bom.

Essa classe de liberdade não é, portanto, algo que o homem tem por natureza, em virtude de sua constituição ontológica ou psicológica: é objeto de eleição e de conquista por parte da pessoa.

Podemos afirmar, então, que se considera a existência de uma liberdade de coação externa e de liberdade de necessidade interior; podemos falar também dos impulsos desordenados, da liberdade do pecado e da miséria moral (Luño; Colom, 2008, p. 124-125).

e. **Liberdade que leva ao amor**

A liberdade que leva ao amor é um tipo de liberdade que, sendo um bem, não é um bem que apaga o querer da pessoa, sua vontade própria, mas uma condição necessária para a realização de tal bem. Sem a liberdade, nenhum bem é um bem humano dentro de sua inclinação natural. Por outro lado, sem a busca de um bem, a liberdade é vazia, de uma pessoa que conduz a si mesma, sendo uma liberdade da própria conduta.

A liberdade que leva ao amor como liberdade da própria conduta implica uma mudança de enfoque de uma "liberdade-de" para uma "liberdade-para", que representa uma alteridade e um abrir-se ao outro como um ato livre de entrega (Luño; Colom, 2008, p. 125-126).

Konzen (2007, p. 107) define *responsabilidade* como "um ato ou comportamento responsável que pode ser imputado a uma pessoa e esta responde por ele e tem o dever de assumi-lo. Só o comportamento responsável tem uma dimensão ética, é um comportamento moral".

Recordamos aqui que a liberdade é um dom de Deus e o homem precisa dar conta do uso que faz dela, ou seja, todo ato livre é imputado ao sujeito que o realiza (Haro, 1992, p. 269). O homem é o agente fiador, responsável por seus atos. Na prática, o homem verdadeiramente livre é o que simultaneamente se sente responsável pela sua decisão. Dessa forma, somente os atos livres são imputados ao sujeito que os realiza, isto é, a quem responde por eles.

Na verdade, a liberdade deve ser direcionada a Deus, que dota o homem de liberdade para se dirigir a Ele e empreender um caminho que o leva a Ele; porém, o homem pode direcionar sua liberdade para outro caminho: o afastamento de Deus pelo pecado. Quando se peca, não se tem a liberdade, mas se usa a liberdade para fazer o ato do pecado. O pecado é o mau uso da liberdade e evidencia que

> A liberdade do homem é finita e falível. E, de fato, o homem falhou. Livremente, pecou. Rejeitando o projeto divino de amor, enganou-se a si mesmo; tornou-se escravo do pecado. Esta primeira alienação gerou uma multidão de outras. A história da humanidade, desde as suas origens, dá testemunho de desgraças e opressões nascidas do coração do homem, como consequência de um mau uso da liberdade. (CIC, n. 1739)

A liberdade aperfeiçoa o ser da pessoa. É uma árdua conquista que dura toda a vida e "torna o homem responsável pelos seus atos, na medida em que são voluntários. O progresso na virtude, o conhecimento do bem e a ascese aumentam o domínio da vontade sobre os próprios atos" (CIC, n. 1734).

3.4 Características da liberdade

As características da liberdade estão relacionadas com a vida moral do ser humano. A liberdade apresenta-se na condição normal do homem que se realiza pelo desígnio de Deus conforme o pressuposto de um comportamento ético. Ou seja, o homem livre é um ser moral, diferente dos animais, que são guiados pelos instintos, e, por ser dotado de inteligência e vontade, vê a liberdade como um dom de Deus (Fernández, 2004, p. 813). As características da liberdade podem ser sintetizadas da seguinte maneira:

a. A liberdade só é possível no homem como um ser livre e, por meio dela, ele pode autodeterminar-se, sendo a liberdade a capacidade que o ser humano tem de voltar a si mesmo e tomar a decisão de atuar ou abster-se, de agir em um ou outro sentido, de optar por uma coisa ou pelo seu contrário (Fernández, 2004, p. 813-814), na perspectiva de que se age exatamente da maneira proporcionada por esse poder de escolha.

b. A liberdade é limitada, não é uma liberdade infinita como a de Deus, mesmo que o homem tenha a mesma liberdade que Ele lhe deu. A liberdade do ser humano é uma imitação da liberdade de Deus e não lhe falta a condição necessária de ser livre, porque "todo humano, a força, a inteligência, a vida afetiva sentimental, ou melhor, tudo no homem está submetido à lei da finitude" (Fernández, 2004, p. 814), ou seja, por sua condição humana, tudo no homem tem um fim e é limitado.

c. A liberdade é condicionada, pois não há liberdade absoluta. Toda a existência está condicionada, de tal maneira que essas condições e circunstâncias não podem ser consideradas uma simples limitação, e sim condições que abrem um leque imenso de possibilidades (Fernández, 2004, p. 814-815).

d. A liberdade pode ser determinada por alguns agentes estranhos à vontade. O que suprime a liberdade pessoal são os determinantes que subtraem ou anulam a capacidade de autodeterminação, como a violência (Fernández, 2004, p. 815).

e. Há uma relação entre liberdade e necessidade, que são elementos que não se contradizem. Trata-se do compromisso de assumir uma responsabilidade que tem de ser cumprida, e não só de aceitar a responsabilidade de cumprir; ela deve ser cumprida livremente. Por isso, adquirir compromissos é próprio do ser livre e seu cumprimento não vai contra a liberdade, mas, em vez disso, a demonstra (Fernández, 2004, p. 815).

As características da liberdade estão relacionadas com um agir íntimo do homem, o qual se desenvolve na ação prática, no atuar livre.

Se não houvesse a possibilidade psicológica de decidir livremente entre o bem e o mal, não seria uma conduta humana. O homem não teria condições de conduzir a si mesmo, não teria a responsabilidade e não haveria o sentido de louvor ou a reprovação de seu comportamento se não agisse de modo livre.

3.5 A liberdade dos filhos de Deus

Pelos Evangelhos, fica claro para nós que Jesus não veio instalar seu reino com pessoas subordinadas à sua vontade como se fosse um tirano, mas queria que as pessoas se aproximassem dele usando sua liberdade sem coação, com uma atração, uma opção, ou, melhor dizendo, uma adesão livre e espontânea.

Segundo Luño (2019, grifo do original), a liberdade humana apresenta várias dimensões:

> A **liberdade de coação** é a que goza a pessoa que pode realizar externamente o que decidiu fazer, sem imposição ou impedimentos de agentes externos; assim se fala de liberdade de expressão, de liberdade de reunião etc. A **liberdade de escolha ou liberdade psicológica** significa a ausência de necessidade interna para escolher uma coisa ou outra; não se refere já à possibilidade de **fazer**, mas à de decidir autonomamente, sem estar sujeito a um determinismo interior. No **sentido moral**, a liberdade refere-se em mudança à capacidade de afirmar e amar o bem, que é o objeto da vontade livre, sem estar escravizado pelas paixões desordenadas e pelo pecado.

Entendemos, assim, que

> Deus quis a liberdade humana para que o homem "busque sem coações a seu criador e, unindo-se livremente a ele, atinja a plena e bem-aventurada perfeição. A liberdade do homem requer, com efeito, que atue segundo uma escolha consciente e livre, isto é, movido e induzido pessoalmente a partir de si mesmo e não sob a pressão de um cego impulso interior ou da mera coação externa. O homem atinge esta dignidade quando, libertando-se totalmente

da escravidão das paixões, tende ao seu fim com a livre escolha do bem e se tenta meios adequados para isso com eficácia e esforço crescentes" [(GS, n. 17)]. (Luño, 2019)

De acordo com Luño (2019),

> A liberdade de coação, da necessidade interior e das paixões desordenadas, resumindo, a liberdade humana plena possui um grande valor porque somente ela torna possível o amor (a livre afirmação) do bem por ser bem, e, portanto, o amor a Deus enquanto sumo bem, ato com o qual o homem imita o Amor divino e atinge o fim para o qual foi criado. Neste sentido afirma-se que "a verdadeira liberdade é sinal eminente da imagem divina no homem" [(GS, n. 17)].

A liberdade tem uma estreita ligação com a história da salvação apresentada na Sagrada Escritura. Narra-se a liberdade que o homem recebeu na criação de ficar submetido à escravidão do pecado, o que leva a uma mudança da natureza e introduz, por esse pecado, a condição de se afastar de Deus. A liberdade perdida em virtude do pecado foi restaurada por Cristo, que resgatou o homem do pecado e reatou a amizade com Deus que havia sido perdida (Luño, 2019).

A possibilidade de que o homem pecasse não fez com que Deus renunciasse ao criá-lo livre ou mesmo que corresse o risco de que o homem pudesse fazer isso, por isso Deus e mesmo as autoridades humanas devem respeitar a liberdade e não lhe impor mais limites que os exigidos pelas leis que regem os homens e o mundo. Contudo, é preciso "não esquecer que não basta que as decisões sejam livres para que sejam boas, e que só à luz do grandíssimo valor da livre afirmação do bem por parte do homem se entende a exigência ética de respeitar também sua liberdade falível" (Luño, 2019), limitada e totalmente dependente de seu criador.

Dessa forma, a liberdade é uma inclinação natural que faz parte das ações, dos desejos e da vontade do ser humano e que o leva a direcionar-se a um objeto na procura de um bem. A liberdade não é fazer o que se deseja, e sim o que se deseja em conformidade com o cumprimento da vontade de Deus para nós. Por isso, a liberdade é esse agir íntimo que sai do interior do homem, que busca seu criador por meio de uma ação livre e desejada.

Síntese

- O ser humano é dotado de liberdade, a qual está fundamentada em suas inclinações naturais, especialmente ao bem e à verdade.
- A inclinação ao bem apresenta três características: o bem é perfeito, é a razão da felicidade humana e o fim das ações.
- A verdade relaciona-se com a moral e o aspecto espiritual, além do conhecimento das virtudes, em especial da fé, que está na revelação. Isso se expressa na virtude natural da religião, que orienta o homem a Deus.
- A liberdade é resultado das inclinações naturais, pois o homem, ao desejar o bem, age conforme sua inteligência e conhecimento na eleição da ação a fim de alcançar tal objetivo. Nesse sentido, por meio do intelecto e da vontade, configura-se a liberdade como inclinação natural cuja finalidade é amar e fazer a vontade de Deus.
- Existem diversos tipos de liberdade: a) de autodomínio; b) de coação ou de restrição; c) de escolha (livre-arbítrio); d) de valor e tarefa moral; e) que leva ao amor.
- A liberdade deve, como dom de Deus, ser usada para direcionar o homem novamente a Deus, tornando o ser da pessoa cada vez mais perfeito. Nesse sentido, a liberdade torna o homem responsável por seus atos.
- A liberdade apresenta as seguintes características: a) é possível enquanto o homem pode voltar-se a si mesmo e tomar decisões; b) é limitada, pois o homem é limitado; c) é condicionada; d) pode

ser determinada por agentes estranhos à vontade, como a violência; e) está ligada a algumas necessidades e responsabilidades que demonstram a capacidade de liberdade humana.
- Cristo veio ao mundo a fim de tornar o homem livre do pecado e, assim, livre para a vida de bem-aventurança. Desse modo, Deus ajuda no discernimento das ações. Nesse ponto, é preciso fugir das paixões desordenadas para atingir uma liberdade interior que não escravize.

Indicação cultural

Vídeo
BLADE Runner. Direção: Ridley Scott. EUA: Warner Bros. Pictures, 1982. 117 min.
No século XXI, uma corporação desenvolve clones humanos para serem usados como escravos em colônias fora da Terra. Em 2019, um ex-policial é acionado para caçar um grupo fugitivo que vivia disfarçado em Los Angeles.

Atividades de autoavaliação

1. Sobre a liberdade, é possível afirmar que ela:
    a) é uma tendência que expressa o impulso interno do ser humano ao domínio.
    b) é uma inclinação natural que parte do intelecto e da vontade do ser humano.
    c) permite ao ser humano determinar sua vontade, sendo uma faculdade da alma anterior a ela.
    d) está fundamentada na razão instrumental do ser humano em dominar o mundo criado.

2. Algo importante na liberdade humana é a virtude da religião e sua ligação com a liberdade e o bem. Nesse sentido, é correto afirmar que:
   a) o ser humano não precisa prestar culto a Deus como uma necessidade natural, mas somente a fim de ter um apoio nos momentos conflituosos da vida.
   b) a virtude da religião implica uma relação de servidão, na qual o ser humano entrega sua liberdade a Deus, tendo como consequência uma perda do que o próprio homem é pelo seguimento a Deus.
   c) a virtude da religião é um anseio humano, na medida em que a humanidade busca o bem e Deus é o sumo bem, então é natural ao homem a orientação a Deus.
   d) o ser humano não é um canal que se liga a Deus, mas deve procurar prestar culto a fim de que suas ações sejam aceitas pelo Criador.

3. Associe corretamente os tipos de liberdade às respectivas definições:
   A) Liberdade de autodomínio
   B) Liberdade de coação ou de restrição
   C) Liberdade de escolha
   D) Liberdade como valor e tarefa moral
   E) Liberdade que leva ao amor
   ( ) Também chamada pela filosofia clássica de *livre-arbítrio*, implica autonomia do ato da vontade.
   ( ) Leva ao amor na medida em que o enfoque passa da liberdade para a alteridade.
   ( ) Existe enquanto não há condição externa ao sujeito que o obrigue a determinadas ações ou o proíba de tomar alguma decisão.

( ) Supõe a afirmação do bem como valor espiritual e que rejeita o mal como fonte de degradação.

( ) Remete ao homem que adquire progresso no amor de Deus e por isso não é levado pelas paixões e emoções.

Assinale a alternativa correspondente à sequência obtida:
a) C, B, E, A, D.
b) B, C, E, D, A.
c) C, E, A, D, B.
d) C, E, B, D, A.

4. Comente as características da liberdade.
5. Faça uma reflexão acerca da liberdade dos filhos de Deus.

Atividades de aprendizagem
Questões para reflexão

Leia a seguir um trecho da carta encíclica *Veritatis Splendor* que trata da questão da liberdade.

> 33. **Paralelamente à exaltação da liberdade, e paradoxalmente em contraste com ela, a cultura moderna põe radicalmente em questão a própria liberdade.** Um conjunto de disciplinas, agrupadas sob o nome de "ciências humanas", chamou justamente a atenção para os condicionamentos de ordem psicológica e social que pesam sobre o exercício da liberdade humana. O conhecimento desses condicionalismos e a atenção que lhes é prestada são conquistas importantes, que encontraram aplicação em diversos âmbitos da existência, como, por exemplo, na pedagogia ou na administração da justiça. Mas alguns, ultrapassando as conclusões que legitimamente se podem tirar destas observações, chegaram ao

ponto de pôr em dúvida ou de negar a própria realidade da liberdade humana.

São de lembrar ainda algumas interpretações abusivas da pesquisa científica a nível antropológico. Partindo da grande variedade de tradições, hábitos e instituições existentes na humanidade, concluem, senão sempre pela negação de valores humanos universais, pelo menos com uma concepção relativista da moral.

34. "Mestre, que devo fazer de bom para alcançar a vida eterna?". **A pergunta moral**, à qual responde Cristo, **não pode prescindir da questão da liberdade, pelo contrário, coloca-a no centro dela**, porque não há moral sem liberdade: "Só na liberdade é que o homem se pode converter ao bem" [(GS, n. 17)]. Mas qual liberdade? Perante os nossos contemporâneos que "apreciam grandemente" a liberdade e que a "procuram com ardor", mas que "muitas vezes a fomentam dum modo condenável, como se ela consistisse na licença de fazer seja o que for, mesmo o mal, contanto que agrade", o Concílio apresenta a **"verdadeira" liberdade**: "A liberdade verdadeira é um **sinal privilegiado da imagem divina** no homem. Pois Deus quis "deixar o homem entregue à sua própria decisão" (cf. Sir 15,14), para que busque por si mesmo o seu criador e livremente chegue à total e beatífica perfeição, aderindo a ele" [(GS, n. 17)]. Se existe o direito de ser respeitado no próprio caminho em busca da verdade, há ainda antes a obrigação moral grave para cada um de procurar a verdade e de aderir a ela, uma vez conhecida. Neste sentido, afirmava com decisão o Cardeal J. H. Newman, eminente defensor dos direitos da consciência: "A consciência tem direitos, porque tem deveres".

Algumas tendências da teologia moral hodierna, sob a influência das correntes subjectivistas e individualistas agora lembradas, interpretam de um modo novo a relação da liberdade com a lei moral, com a natureza humana e com a consciência, e propõem critérios inovadores de avaliação moral dos actos: são tendências que, em sua variedade, coincidem no facto de atenuar ou mesmo negar a **dependência da liberdade da verdade**.

Se queremos realizar um discernimento crítico destas tendências, capaz de reconhecer o que nelas existe de legítimo, útil e válido, e indicar, ao mesmo tempo, as suas ambiguidades, perigos e erros, devemos examiná-las à luz da dependência fundamental da liberdade da verdade, dependência que foi expressa do modo mais claro e autorizado pelas palavras de Cristo: "Conhecereis a verdade, e a verdade vos tornará livres" (Jo 8,32).

Fonte: João Paulo II, 1993, grifo do original.

Agora, responda:

1. O que caracteriza a liberdade na cultura moderna?

2. De acordo com a carta encíclica, qual é o verdadeiro sentido da liberdade?

4
A lei moral

Quando falamos em *lei*, imaginamos uma ordenação de nosso comportamento com o objetivo de promover o bem comum. Porém, podemos pensar também em restrições de nosso comportamento que nos tiram a liberdade e nos levam a fazer o que não queremos.

Neste capítulo, apresentaremos a lei moral em suas diversas leis e nas várias participações dessa ordenação divina. A lei moral não atrapalha o desenvolvimento da pessoa na busca por um bem, devendo-se considerar que a lei é compatível com a liberdade do indivíduo, fazendo que não se sinta coagido e pressionado quando tem de cumprir uma lei que é justa e merece seu cumprimento.

A lei é uma ordenação racional da conduta humana que guia o homem em direção à perfeição ou a um fim querido e desejado (Haro, 1992, p. 411). A palavra *lei* remete à ideia de ligar, que ajuda no momento da ação, no modo de atuar.

Segundo Haro (1992, p. 411-412, tradução nossa), as leis são imprescindíveis para a atuação e regem o comportamento natural do ser humano:

> Todas as criaturas seguem em suas atividades uma pauta determinada, em ordem a certos fins: a isso chamamos leis físicas. Assim os corpos se atraem, os astros descrevem suas órbitas, as plantas crescem e se reproduzem etc. Essas leis existem na natureza mesmo das coisas. Deus, ao criar, fixou para cada criatura os princípios que regulam sua existência e sua finalidade dentro do Universo. Por isso se diz também que a lei procede de *legere*, na medida em que não é algo que o homem inventa ou cria, mas que desccobre ou lê na natureza.

O ser humano, uma criatura espiritual e dotada de alma, não comporta a necessidade de uma lei física, mas de uma lei moral. O que difere no homem é sua racionalidade e sua liberdade, que exigem uma necessidade ética e moral na hora de agir, tendo "a necessidade de seguir livremente uma conduta para alcançar sua perfeição ou plenitude, mas somente à custa da renúncia a tal perfeição e se degradar" (Haro, 1992, p. 412, tradução nossa). Tendo como referência essas associações que regem o homem, isto é, sua inclinação natural, sua racionalidade, sua liberdade, o fato de ser uma criatura espiritual e ter o senso ético e moral, podemos considerar que a lei moral se caracteriza como "a ordenação intrínseca e dinâmica da criatura humana que recebe a sua própria perfeição e que é um dom do Criador, análogo, bem mais alto que as leis físicas e biológicas, igualmente intrínsecas à criatura" (Haro, 1992, p. 412, tradução nossa).

Aprofundando esse conceito, "a lei moral em um sentido estrito (rigoroso) pode definir-se como uma ordenação racional dos atos humanos ao fim devido" (Haro, 1992, p. 12, tradução nossa). Dessa definição podemos obter as seguintes conclusões: a lei moral é uma ordenação que assinala a direção e a medida dos atos para alcançar o fim último; ela é racional, porque foi estabelecida pela inteligência divina e é reconhecida pela razão humana; afeta os atos humanos pelas ações livres e os dirige para o fim devido, impondo uma necessidade moral ao agir humano, uma obrigação ou dever para que a pessoa alcance a perfeição (Haro, 1992, p. 412).

Como vimos, a lei moral é uma ordenação racional ao fim último do homem, que é Deus. Toda lei prevê uma autoridade ou um legislador que a estabeleça e a promulgue. Como legislador, Deus rege todas as criaturas com perfeição, domínio e plenitude, não diminuindo seu governo e sua autoridade (Haro, 1992, p. 412-413).

Como decorrência da lei eterna, o fundamento de toda lei está na sabedoria de Deus, que conduz todas as coisas ao seu fim. Até mesmo as leis civis precisam dessa base para serem estabelecidas. Podemos dividir a lei em divina e humana, as quais se subdividem em natural e divina positivo-imperativa; e as leis humanas se subdividem em civil e eclesiástica. Essas diversas leis correspondem a distintas participações da ordenação divina (Haro, 1992, p. 413).

Neste capítulo, abordaremos a lei divina, cujo autor é Deus. A lei eterna é aquela com a qual Deus criou o Universo e sua sabedoria está na origem de toda ordenação e de toda lei. Ao criar as coisas, Deus deixou impresso nelas sua lei, por meio da qual podem ser governadas todas as coisas segundo o que emana de sua natureza.

Em seguida, trataremos da lei natural, que corresponde à participação do ser humano na lei eterna, em conhecer e amar essa ordenação intrínseca, governar a si próprio e direcionar as ações a Deus. Vamos examinar, ainda, a lei antiga, também chamada de *positiva* ou *imperativa*, que exige seu cumprimento, como os dez mandamentos. Com o advento de Cristo, Ele trouxe consigo uma lei nova, que também podemos chamar de *lei evangélica*, *lei do amor* e *lei do Espírito Santo*, caracterizando uma opção que se faz para viver, imitar e seguir a Cristo.

Por fim, veremos as leis humanas, as quais estão associadas à capacidade do ser humano de governar os outros e promulgar leis humanas para o bem comum, como as leis civis e as leis eclesiásticas, que organizam os direitos e deveres da Igreja.

4.1 A lei eterna

A lei eterna já estava presente no pensamento filosófico da Grécia Antiga, principalmente dos estoicos, que acreditavam na existência de uma lei eterna que se estabelecia sobre uma lei cósmica (Luño; Colom, 2008, p. 263).

Na Carta aos Efésios (1,4-5), a lei eterna é caracterizada como uma lei porque foi uma ordem ou um plano com o qual a sabedoria divina criou o Universo e governa com excelência todas as coisas (Sb 8,1).

Em Santo Agostinho, a lei eterna é "a razão ou a vontade de Deus que manda observar a ordem natural e proíbe perturbá-la" (CIC, 1993, n. 1951, p. 432). Em São Tomás de Aquino, por sua vez, a lei eterna não é só o plano da criação, mas também o plano que vem da providência divina. Aquino define a lei eterna como a razão da divina sabedoria que move tudo ao fim devido (Tomás de Aquino, 2005a, I-II, q. 93, a. 1).

O Concílio Vaticano II faz referência a uma norma suprema da vida humana, objetiva e universal, por meio da qual Deus, como um desenho de sabedoria e de amor, ordena, dirige e governa todo o mundo e os caminhos da comunidade humana (DH, n. 3).

A lei eterna trabalha com a consideração do universal desígnio salvífico de Deus, que constitui a chave do pensamento cristão. Ela tem um ciclo ordenado por Deus. É eterna porque não muda e ordena de um modo perfeito as coisas criadas. Trata do mistério escondido na mente de Deus e de sua multiforme sabedoria, segundo o desígnio eterno que atuou em Jesus Cristo. Essa lei é eterna como é a sabedoria de Deus, com a qual se identifica (Luño; Colom, 2008, p. 264).

Para Häring (1960, p. 310), "a lei eterna de Deus foi dada na qualidade de protótipo, cuja norma originária é o ser divino (o verbo)".

Dessa forma, a lei eterna é a mesma sabedoria divina que dirige todos os movimentos das criaturas, sendo Deus o criador e o governador de todas as coisas. Sua sabedoria contém o modelo ou uma causa exemplar de toda a criação e conduz todas as coisas à perfeição (Haro, 1992, p. 414). Como exemplo, podemos citar o manual de instruções de um aparelho celular. Quando não sabemos manuseá-lo, consultamos esse manual para que funcione corretamente. Assim também é a lei eterna, na medida em que Deus colocou sua lei no Universo para que este funcionasse em sua maior perfeição e de um modo infinito. Então, poderíamos perguntar: Se Deus colocou uma lei eterna que rege o Universo, fruto de sua criação, o mundo é eterno? Não. Deus colocou essa lei eterna no Universo porque ele é eterno. O mundo e o cosmo são limitados e finitos, mas usufruem dessa lei de Deus.

Assim, a lei eterna é o fundamento de toda e qualquer lei. É a ordem divina, a raiz e o fundamento de toda ordem; não é somente o modelo, mas a causa para que qualquer norma, ordem ou preceito alcance um caráter de verdadeira lei (Haro, 1992, p. 419).

4.2 A lei moral natural

Para tratar da lei natural, recorreremos à história de Antígona, de Sófocles,

> que conta que os dois filhos de Édipo, o rei, Eteócles e Polinice, que lutavam em lados opostos, acabam um matando o outro. O rei Cleontes tinha decretado que os seus inimigos não deveriam receber uma sepultura e eram deixados para serem devorados pelos animais. Antígona, que era irmã dos dois falecidos, não poderia deixar que o corpo de Polinice apodrecesse às portas da cidade. Antígona corajosamente se opõe ao rei e recorre a uma lei não escrita, como ela mesma diz: "Sim, porque não foi Júpiter que a promulgou; e a Justiça, a deusa que habita com as divindades subterrâneas jamais estabeleceu tal decreto entre os humanos; nem eu creio que teu édito tenha a força bastante para conferir a um mortal o poder de infringir as leis divinas que nunca foram escritas, mas são irrevogáveis; não existem a partir de ontem, ou de hoje; são eternas, sim! E ninguém sabe desde quando vigoram!" (Sófocles, *Antígona*, p. 30). Por sua fidelidade a esta lei não escrita, Antígona é condenada pelo rei a ser sepultada viva, e no seu sepulcro ela se enforca. (Bordini, 2015, p. 47-48)

Na visão de Cícero, existe uma lei que está de acordo com a natureza humana. Segundo o autor,

> Certamente existe uma lei verdadeira, de acordo com a natureza, conhecida de todos, constante e sempre eterna. A esta lei não é lícito acrescentar nem tirar-lhe algo, nem tão pouco eliminá-la por completo. Não podemos dissolvê-la por meio do Senado ou do povo. Tão pouco há que buscar outro comentador ou intérprete dela. Não existe uma lei em Roma, outra em Atenas, outra agora, outra no futuro; mas uma mesma lei, eterna e imutável, que sujeita toda a humanidade em todo o tempo [...]. Quem não a guarda,

atraiçoa-se a si mesmo e ultraja a natureza humana, e por isso sofre penas máximas, ainda que julgue escapar dos suplícios. (Cícero, *De República*, III, 22-23, citado por Fernández, 2004, p. 169)

De acordo com Tertuliano, "o homem é o único entre todos os seres animados que se pode gloriar de ter sido digno de receber de Deus uma lei: animal dotado de razão, capaz de compreender, de discernir e de regular a sua conduta dispondo da sua liberdade e da sua razão, na submissão ao que lhe entregou tudo" (Tertuliano, *Contra Marcião*, II, 4, citado por Fernández, 2004, p. 170-1719).

Kant considera que:

> Duas coisas enchem o ânimo de admiração e respeito, veneração sempre renovada quanto com mais frequência e aplicação se ocupa delas a reflexão: **por sobre mim o céu estrelado; em mim a lei moral**. Ambas essas coisas não tenho necessidade de buscá-las e simplesmente supô-las como se fossem envoltas de obscuridade ou se encontrassem no domínio do transcendente, fora do meu horizonte; vejo-as diante de mim, coadunando-as de imediato com a consciência da minha existência. A primeira começa no lugar que eu ocupo no mundo exterior sensível e congloba a conexão em que me encontro com incalculável magnificência de mundos sobre mundos e de sistemas, nos tempos ilimitados do seu movimento periódico, do seu começo e da sua duração. A segunda começa em meu invisível eu, na minha personalidade, expondo-me em um mundo que tem verdadeira infinidade, porém que só resulta penetrável pelo entendimento e com o qual eu me reconheço [...] em uma conexão universal e necessária. (Kant, 1959, p. 307, grifo do original).

São Tomás de Aquino entendia a lei natural tendo como referência a criatura racional. Conforme o autor,

> A criatura racional está sujeita à providência divina de um modo mais excelente, enquanto a mesma se torna participante da

> providência, provendo a si mesma e aos outros. Portanto, nela mesma é paticipada a razão eterna, por meio da qual tem a inclinação natural ao devido ato e fim. E tal participação da lei eterna na criatura racional se chama lei natural. (Tomás de Aquino, 2005a, I-II, q. 91, a. 2)

Para Häring (1960, p. 311), a lei moral natural "é conferida ao homem com a natureza racional, na qualidade de lei de liberdade. Não pode ser encarada como um amontoado de ideias morais inatas".

De acordo com Haro (1992, p. 422, tradução nossa), a lei natural

> Inclina o homem a conhecer e amar o Criador na ordem que imprimiu no Universo, dirigindo toda a sua vida para a união com Deus. Pertence à dignidade da natureza racional e dirige-se ao fim, conhecendo e amando-o [...]. Deus inscreve em todos os homens a lei natural, que é seu modo próprio e superior de participar na ordem da lei eterna.

No magistério da Igreja aparece também a importância da lei natural, como podemos ver na constituição pastoral *Gaudium et Spes*:

> No fundo da própria consciência, o homem descobre uma lei que não se impôs a si mesmo, mas à qual deve obedecer; essa voz, que sempre o está a chamar ao amor do bem e fuga do mal, soa no momento oportuno, na intimidade do seu coração: faze isto, evita aquilo. O homem tem no coração uma lei escrita pelo próprio Deus; a sua dignidade está em obedecer-lhe, e por ela é que será julgado. (GS, n. 16)

Segundo a carta encíclica *Veritatis Splendor*,

> Deus provê de um modo diferente do usado com os seres que não são pessoas: não "de fora", através das leis da natureza física, mas "de dentro", mediante a razão que, conhecendo pela luz natural a lei eterna de Deus, está, por isso mesmo, em condições de indicar ao homem a justa direção do seu livre agir. (VS, n. 43)

Com base nessas considerações acerca do que seja a lei natural, podemos relacionar as características que comprovam sua existência e o modo como age em nossa natureza, por isso a lei natural é a participação da lei eterna na criatura racional. É a lei própria do ser humano. Não é a lei física dos minerais nem a lei biológica das plantas e dos animais, mas uma lei escrita por Deus na natureza do homem, que lhe permite conhecer o bem e o mal (Fernández, 2004 p. 166).

A participação do homem na lei eterna vem por meio da lei moral natural, que consiste na luz da inteligência infusa em nós por Deus e permite conhecermos o que se deve cumprir e o que convém evitar. Essa luz e essa lei nos foram dadas na criação.

A lei natural não é outra coisa senão o fato de a humanidade ser criada por Deus como um ser moral. A razão humana é uma ação moral, capaz de ordenar nossa conduta em vista do bem do homem, nasce do interior deste e tem uma estrutura que o alimenta e o sustenta, sem a qual as exigências éticas seriam não só externas, mas também completamente inteligíveis.

Vejamos um exemplo que podemos usar para mostrar a existência da lei natural e sua relação com a lei eterna:

> É uma comparação com um doce italiano chamado "babo de Napoli", que é uma espécie de um bolinho frito que é banhado no licor, quando se come este doce precisa tomar cuidado, porque lambuza muito, porque o licor impregna na massa, se tornando homogêneo a ela. A lei natural não é um recheio como num bolo de aniversário, adicionada depois da massa pronta, mas como o licor que impregna na massa, que não tem como separar, podendo dizer assim que a lei natural está impregnada em nós e não conseguimos separá-la de nossa natureza. (Bordini, 2015, p. 48)

A lei natural está impressa por Deus no coração do homem e inscrita no dinamismo interno de nossa natureza. Por isso, a lei natural é comum a todos os homens e não pode ser mudada por qualquer autoridade humana (Haro, 1992, p. 428). Essa ideia remete às propriedades da lei natural: a universalidade e a imutabilidade.

A **universalidade**, por meio de seus preceitos e sua autoridade, estende-se a todos os homens (CIC, n. 1956) e encontra seu fundamento na substancial unidade da razão humana e de sua participação na lei eterna. Significa que a lei moral natural guia com suas inclinações, obriga pelos seus preceitos e outorga seus direitos a todos os homens (Haro, 1992, p. 429).

A lei natural é imutável no sentido de que permanece inalterada ao longo da história. A **imutabilidade** dos princípios morais fundamentais não se opõe ao progresso histórico da consciência moral do homem, que adquire uma sensibilidade mais forte no confronto de certos valores (Luño; Colom, 2008, p. 275).

A lei natural vale para todos os tempos, pois a natureza humana é a mesma não só em todos os homens em épocas diferentes, mas também em todos os homens de todas as épocas (Haro, 1992, p. 432).

O conteúdo da lei natural é uma primeira obrigação da lei natural de amar a Deus sobre todas as coisas. Como ordenação do fim último do homem, é um dinamismo para o preceito sobre o fim. O homem não tem apenas o dever de conhecer a Deus, mas também de amá-lo como fim último. O conteúdo está presente nos dez mandamentos, também conhecidos como *decálogo* ou *lei mosaica*, nos quais Deus outorga em sua sabedoria a totalidade dos preceitos da lei natural, sendo uma lei imperativa, algo que se deve cumprir, de caráter obrigatório (Haro, 1992, p. 440).

4.3 A lei nova

A lei nova também pode ser chamada de *lei evangélica, lei do amor, lei da graça* e *lei do Espírito Santo* e está codificada nos Evangelhos e nas bem-aventuranças. É a busca pelo que é essencial da mensagem moral vinda com Cristo e encontra-se estampada nos Evangelhos.

Para São Tomás de Aquino,

> Deve-se dizer que na escritura do Evangelho não se contém a não ser aquelas coisas que pertencem à graça do Espírito Santo ou como dispositivas, ou como ordenativas para uso dessa graça. Como dispositivas, quanto à inteligência pela fé, pela qual é dada a graça do Espírito Santo, são contidas no Evangelho aquelas coisas que pertencem à manifestação da divindade ou humanização de Cristo. Segundo o afeto, porém, o Evangelho contém aquelas coisas que pertencem ao desprezo do mundo, pelo qual o homem torna-se capaz da graça do Espírito Santo: o mundo, isto é, os amantes do mundo, não pode receber o Espírito Santo, como está no evangelho de João. O uso da graça espiritual está nas obras das virtudes, às quais de muitos modos a escritura do Novo Testamento exorta os homens. (Tomás de Aquino, 2005a, I-II, q. 106, a. 1, 1º)

Segundo Fernández (2004, p. 176-177), a lei nova "consiste principalmente na graça do Espírito Santo, que nos chega através de Cristo, e nos move a atuar segundo a luz da fé que opera pela caridade. É um guia intrínseco e ativo dos nossos atos. Mas também é 'lei externa' contida na Sagrada Escritura e na tradição, mostrada para nós pela revelação em Cristo".

A lei nova é a lei do Novo Testamento, a lei de Cristo, que nos trouxe um novo modo de viver a lei, a lei que Deus enviou com Cristo para o ser humano modelar seu comportamento por meio do seguimento e da imitação de Cristo, sendo que Jesus não veio para abolir a lei antiga, mas para dar seu pleno cumprimento.

A carta encíclica *Veritatis Splendor* recolhe os efeitos trazidos por Cristo com a lei nova:

> Recolhendo aquilo que constitui o âmago da mensagem moral de Jesus e da pregação dos apóstolos, e repropondo numa síntese admirável a grande tradição dos padres do Oriente e do Ocidente – particularmente de S. Agostinho –, S. Tomás pôde escrever que **a Nova Lei é a graça do Espírito Santo dada pela fé em Cristo**. Os preceitos externos, de que, aliás, fala o Evangelho, dispõem para esta graça ou prolongam os seus efeitos na vida. De fato, a Nova Lei não se contenta em dizer o que se deve fazer, mas dá também a força "de praticar a verdade" (cf. Jo 3,21). Ao mesmo tempo, S. João Crisóstomo observou que a Nova Lei foi promulgada precisamente quando o Espírito Santo desceu do céu no dia de Pentecostes, e que os apóstolos "não desceram do monte trazendo em suas mãos, como Moisés, tábuas de pedra; mas traziam o Espírito Santo em seus corações, [...] tornados pela sua graça uma lei viva, um livro com vida". (VS, n. 24, grifo do original)

A lei nova "confirma a lei natural e contém novos ensinamentos e preceitos referentes à graça e à vida nova que instaura. É própria e específica da moral cristã, dos que têm a nova vida em Cristo pelo batismo" (Fernández, 2004, p. 177).

Há, portanto, dois elementos na lei de Cristo. O primeiro e principal é a graça do Espírito Santo, que cura o homem inteiro e eleva suas faculdades operativas mediante as virtudes teologais e as virtudes morais infusas (Luño; Colom, 2008, p. 298).

A lei nova é verdadeiramente a "luz da graça", porque a graça do Espírito Santo não é simplesmente uma ajuda para observar a lei, mas é o constitutivo essencial da lei mesma, que se manifesta mediante a fé operante na caridade. Por essa razão, a lei nova é fundamentalmente uma lei interna, e não uma lei escrita, porque o Espírito Santo instrui interiormente. É a lei que liberta (Luño; Colom, 2008, p. 298). É evidente que agimos melhor se estamos na graça de Deus e as luzes do Espírito Santo agem em nós para ponderarmos nossas ações e falarmos a palavra certa no momento oportuno.

Em segundo lugar, a lei nova também é uma lei escrita e, como tal, "é constituída dos ensinamentos de Cristo no Sermão da Montanha, das bem-aventuranças e da catequese moral dos apóstolos, que se resumem na duplicidade do mandamento do amor. Esses ensinamentos resguardam as coisas que dispõem à aquisição ou à recuperação da graça e também através das obras nas quais a graça se expressa e cresce" (Luño; Colom, 2008, p. 298, tradução nossa).

A lei nova é uma lei positiva, mas não imperativa como os dez mandamentos, os quais estamos obrigados a cumprir. Pelo contrário, é uma lei a que se deve aderir, é uma opção de vida que Cristo mostra e nos convida a viver dentro de seu seguimento e de sua imitação.

Essa lei nos ajuda na vida de virtudes, como as virtudes infusas e adquiridas, como veremos no Capítulo 6. Na vida de virtudes, "a lei de Cristo é essencialmente a lei do Espírito Santo, que porta consigo os novos princípios (de virtude) que assumem, finalizando e elevando os princípios naturais da razão humana, dando lugar a uma nova lei interior do homem" (Luño; Colom, 2008, p. 299, tradução nossa).

Também conhecida como lei do amor, a lei nova expressa-se na caridade que nos leva a amar a Deus e ao próximo com um amor sobrenatural, fazendo do amor a regra e o princípio de todos os nossos atos (Haro, 1992, p. 476) porque fomos dotados de amor por Deus e com esse mesmo amor O amamos e amamos nosso próximo por meio da caridade, como ensina São João (1Jo 3,1-6).

4.4 A lei antiga

A lei antiga tem seu fundamento na revelação primitiva, quando Deus se revela aos patriarcas e depois aos profetas. Apresenta um caráter imperativo, codificada nos dez mandamentos.

Em seu plano de salvar a humanidade decaída, Deus preparou a restauração da lei sobrenatural mediante a lei antiga. Depois do pecado de nossos primeiros pais, Deus aproximou-se de seu povo fazendo alianças e prometeu a seus descendentes ter fé no redentor, o Messias. No tempo de Moisés, Deus promulgou a antiga lei como preparação e restauração daquele povo por meio da lei da graça trazida por Cristo (Haro, 1992, p. 485).

Na lei antiga, vemos a missão de Deus como um pedagogo (Gl 3,24), porque a lei do Antigo Testamento tinha em comum com as leis humanas um caráter extrínseco, não pertencente à essência. Era uma lei que não sanava a natureza alterada pelo pecado original, mas que instruía e orientava o homem a observar a lei natural para que se dispusesse a receber as graças e bênçãos de Deus, conservasse a fé no Messias e cumprisse a missão de povo escolhido (Haro, 1992, p. 485).

A lei de Moisés era constituída de três tipos de preceitos: os morais, que continham a lei natural; os cerimoniais, que mostravam a disposição para o culto divino para facilitar a profissão de fé no Messias; e os judiciais, que eram mandatos divinos que regulavam o bem comum (Haro, 1992, p. 486).

4.5 A lei civil e a lei eclesiástica

Luño assim define as leis civis:

> As leis civis são as disposições normativas emanadas pelas autoridades estatais (geralmente, pelo órgão legislativo do Estado) com a finalidade de **promulgar**, **explicitar** ou **concretizar** as exigências da lei moral natural necessárias para fazer possível e regular adequadamente a vida dos cidadãos no âmbito da sociedade politicamente organizada. Devem garantir principalmente a paz, a segurança, a liberdade, a justiça, a tutela dos direitos fundamentais da pessoa e a moralidade pública. (Luño, 2019, grifo do original)

Aqui entra a virtude da justiça, que "comporta a obrigação moral de cumprir as leis civis justas. A gravidade dessa obrigação depende da maior ou menor importância do conteúdo da lei para o bem comum da sociedade" (Luño, 2019).

As leis são injustas quando se opõem à lei moral natural e ao bem comum, principalmente:

1. as que proíbem fazer algo que para os cidadãos é moralmente obrigatório ou que mandam fazer algo que não se pode fazer sem cometer uma culpa moral;
2. as que lesionam positivamente ou privam da devida tutela bens que pertencem ao bem comum: a vida, a justiça, os direitos fundamentais da pessoa, o casal ou a família, etc.;
3. as que não são promulgadas legitimamente;
4. as que não distribuem de modo equitativo e proporcionado entre os cidadãos as cargas e os benefícios. (Luño, 2019)

Dessa forma, conforme Luño (2019),

> As leis civis injustas não obrigam em consciência; pelo contrário, há obrigação moral de não cumprir suas disposições, sobretudo se são injustas pelas razões indicadas em 1) e 2), de manifestar o próprio desacordo e de tratar de mudar assim que seja possível ou, ao menos, de reduzir seus efeitos negativos. Às vezes será necessário recorrer à objeção de consciência.

A Igreja guarda e dispensa os meios necessários para o desenvolvimento da vida moral cristã. A lei da Igreja são as disposições normativas gerais, promulgadas pela autoridade eclesiástica, tendo poderes legislativos, como o pontífice romano e os bispos em suas dioceses, que procuram a promoção e a tutela da missão da Igreja por meio de uma justa regulamentação das atividades dos fiéis e das instituições eclesiásticas (Luño; Colom, 2008, p. 326).

As leis eclesiásticas têm como objetivo conduzir o homem à salvação. Deus quis que formássemos uma sociedade (LG, n. 9), isto é, a Igreja, fundada por Jesus Cristo e dotada por ele de todos os meios para cumprir seu fim sobrenatural: a salvação de todos os homens (Luño; Colom, 2008, p. 326).

A maior parte das leis de âmbito universal estão contidas no Código de Direito Canônico. As leis eclesiásticas, além de estarem elencadas no direito canônico, aparecem também nos mandamentos da Igreja com um caráter de necessário cumprimento. A Igreja estabelece 5 mandamentos que se constituem nos preceitos ligados à vida do fiel na Igreja:

> 1º ouvir Missa inteira nos domingos e dias de preceito [...]; 2º confessar os pecados mortais ao menos uma vez ao ano, e em perigo de morte, e se for comungar [...]; 3º comungar ao menos uma vez ao ano, por Páscoa de Ressurreição [...]; 4º jejuar e abster-se de

comer carne nos dias estabelecidos pela Igreja [...]; 5° ajudar a Igreja em suas necessidades [...]. (Luño, 2019)

Neste capítulo, destacamos as leis que nos regem e fazem parte de nosso ser, como a lei eterna, a lei natural e a lei nova trazida por Cristo. Examinamos as leis que fazem parte de nossa vida e que são externas a nós, mas que ajudam a orientar nosso comportamento moral para chegarmos a Deus.

Portanto, a lei tem um caráter pedagógico; precisamos ser ensinados a reconhecer sua importância para podermos cumprir o que foi determinado por Deus e, assim, nos tornarmos filhos de Deus.

Síntese

- Ao se falar em *lei*, normalmente vem à mente a noção de que ela limita a liberdade. No entanto, ela tem a importante função de ordenar o comportamento para o bem comum. A lei moral ajuda a entender o caminho das ações humanas em direção a Deus. Assim, ela é compatível com a liberdade.
- A lei é uma ordenação racional da conduta humana e guia o homem para a perfeição desejada, por isso não é uma lei puramente jurídica, mas moral. Tal lei é racional, pois tem Deus como seu legislador e está fundada em sua sabedoria.
- Há diversos tipos de lei: a eterna, a natural, a nova, a antiga e as leis humanas, civis e eclesiásticas.
- A lei eterna está fundada na eterna sabedoria de Deus, sendo uma lei que rege todo o cosmo e toda a criação. Nesse sentido, a lei eterna é como a razão da divina sabedoria que tudo move para seu fim. Isso não signfica que o mundo seja eterno, pois somente Deus é eterno e criou essa lei para guiar o mundo. A lei eterna, portanto, é o fundamento de toda lei.

- A lei moral natural é a participação do homem na lei eterna. Sua concepção foi desenvolvida desde Sófocles, em sua obra sobre a personagem Antígona. Também foi comentada por Cícero, Tertuliano, São Tomás de Aquino, pelo Concílio Vaticano II, pelo Papa João Paulo II na carta encíclica *Veritatis Splendor* e por diversos teólogos contemporâneos da moral.
- A lei natural é uma luz dentro da consciência humana, que, participando da lei eterna, pode discernir entre o bem e o mal, direcionando-se ao seu fim último, que é Deus. Assim, o fato de o homem ter sido criado por Deus tem como consequência direta haver uma lei, um código moral que o guia e que é interior a ele, não como uma pressão externa, mas como um real impulso interno para o viver moral em direção ao bem.
- A lei moral natural está codificada nos dez mandamentos e vai além do preceito religioso, sendo algo da natureza humana e, portanto, universal e atemporal.
- A lei nova é a lei de Cristo, que dá o Espírito Santo para a transformação do homem. Nesse sentido, é definida como a graça do Espírito Santo dada pela fé em Cristo. Não é imperativa, mas depende da adesão daquele que é discípulo de Cristo e, pela renovação interior dada pela graça, ocorre a transformação por meio das virtudes teologais: fé, esperança e caridade.
- A lei antiga tem seu fundamento na revelação de Deus aos patriarcas e profetas. Apresenta um caráter imperativo e serve de preparação para a vinda de Cristo, que se inicia com Moisés promulgando a lei. A lei antiga era composta de três tipos de preceitos: morais, cerimoniais e judiciais.
- As leis civis são disposições normativas emanadas pelo poder estatal com a finalidade de promulgar, explicitar e concretizar a lei natural

e, portanto, realizar o cumprimento da justiça. Nesse sentido, as leis consideradas injustas não obrigam a consciência.

- A lei eclesiástica tem por finalidade a salvação das almas e está radicada no batismo como incorporação à vida da Igreja. Suas leis estão no Código de Direito Canônico e nos cinco mandamentos da Igreja.

Indicação cultural

Vídeo

DECÁLOGO. Direção: Krzysztof Kieślowski. Polônia: Versátil, 1989. 4 DVDs.

Trata-se de uma série televisiva polonesa que retrata os dez mandamentos e estabelece uma relação com os dias atuais.

Atividades de autoavaliação

1. Acerca da lei moral, é possível afirmar que:
   a) há somente uma forma de lei que é desmembrada em diversas outras, tanto escritas como não escritas, e, portanto, todas vinculam igualmente a pessoa.
   b) a lei é uma ordenação racional da conduta humana e ajuda o homem no vínculo moral. Por isso, nenhum tipo de lei pode ser desobedecido sem ser pecado de desobediência.
   c) há diversas formas de lei, com diferentes pesos e que vinculam a pessoa de forma diversa: a lei eterna, a lei natural, a lei nova, a lei antiga e as leis civis e eclesiásticas.
   d) todas as leis estão fundamentadas na sabedoria divina.

2. É possível afirmar que a lei eterna é:
   a) o governo de Deus no mundo por meio de sua eterna sabedoria, o que significa que o mundo é eterno na medida em que sua sabedoria é eterna.

b) o governo de Deus em sua sabedoria. Essa concepção foi formulada pela primeira vez pelo Concílio Vaticano II, a partir do qual houve uma grande discussão acerca de sua natureza.

c) a sabedoria divina que está inscrita no mundo enquanto dirige o Universo. Nesse sentido, não há real liberdade no mundo, pois tudo está sob o governo da lei eterna.

d) a sabedoria divina que está inscrita no mundo enquanto dirige o movimento das criaturas. Assim, Deus governa todas as coisas, o que, contudo, não significa uma eternidade do mundo.

3. Relacione corretamente os tipos de lei às respectivas definições:
A) Lei eterna
B) Lei natural
C) Lei nova
D) Lei antiga
E) Lei civil e eclesiástica

( ) Foi promulgada por Moisés e serve como preparação para a vinda do Messias, além de ter um caráter imperativo.

( ) Está na interioridade humana enquanto participação da sabedoria divina e que ajuda o homem no discernimento do bem e do mal. Nesse sentido, é universal e atemporal.

( ) É realizada pela promulgação do Estado ou da Igreja a fim de ajudar os homens na perseverança da justiça e conduzir à salvação.

( ) É a lei que governa o cosmo, a sabedoria divina inscrita na criação.

( ) É a graça do Espírito Santo dada ao homem. Nesse sentido, infunde nele as virtudes teologais, desde que o ser humano aceite e deseje o seguimento de Cristo.

Assinale a alternativa correspondente à sequência obtida:
a) D, E, B, C, A.
b) D, B, E, A, C.
c) B, D, E, C, A.
d) A, B, E, D, C.

4. Comente brevemente a problemática atual da lei civil e sua ligação com a lei natural.

5. Faça uma reflexão sobre a importância da lei nova e a razão pela qual se deve aderir a ela na condição de graça dada pelo Espírito Santo e que, portanto, deve ser aceita interiormente, não como imposição externa.

Atividades de aprendizagem

Questões para reflexão

Leia a seguir um trecho da carta encíclica *Veritatis Splendor* que trata da lei.

Feliz o homem que põe o seu enlevo na lei do Senhor (cf. Sal 1,1-2)

42. Modelada sobre a de Deus, a liberdade do homem não só não é negada pela sua obediência à lei divina, mas apenas mediante essa obediência ela permanece na verdade e é conforme à dignidade do homem, como diz claramente o Concílio: "A dignidade do homem exige que ele proceda segundo a própria consciência e por livre adesão, ou seja, movido e induzido pessoalmente desde dentro e não levado por cegos impulsos interiores ou por mera coação externa. O homem atinge esta dignidade quando, libertando-se da escravidão das paixões, tende para o fim pela livre escolha do bem

e procura a sério e com diligente iniciativa os meios convenientes" [(GS, n. 17)]. Na sua inclinação para Deus, para aquele que "só é bom", o homem deve livremente fazer o bem e evitar o mal. Mas para isso, o homem deve **poder distinguir o bem do mal**. Fá-lo, antes de mais, graças à luz da razão natural, reflexo no homem do esplendor da face de Deus. Neste sentido, escreve S. Tomás ao comentar um versículo do Salmo 4: "Depois de ter dito: Oferecei sacrifícios de justiça (Sal 4,6), como se alguns lhe pedissem quais são as obras da justiça, o salmista acrescenta: **Muitos dizem: quem nos fará ver o bem?** E, respondendo à pergunta, diz: **A luz da Vossa face, Senhor, foi impressa em nós.** Como se quisesse dizer que a luz da razão natural, pela qual distinguimos o bem do mal – naquilo que é da competência da lei natural – nada mais é senão um vestígio da luz divina em nós". Disto se deduz também o motivo pelo qual esta lei é chamada lei **natural**: chama-se assim, não por referência à natureza dos seres irracionais, mas porque a razão, que a dita, é própria da natureza humana.

43. O Concílio Vaticano II lembra que "a suprema norma da vida humana é a própria lei divina, objetiva e universal, com a qual Deus, no desígnio da sua sabedoria e amor, ordena, dirige e governa o Universo inteiro e os caminhos da comunidade humana. Desta sua lei, Deus torna o homem participante, de modo que este, segundo a suave disposição da divina providência, possa conhecer cada vez mais a verdade imutável" [(DH, n. 3)].

O Concílio remete para a doutrina clássica sobre a **lei eterna de Deus**. S. Agostinho define-a como "a razão ou a vontade de Deus que manda observar a ordem natural e proíbe alterá-la"; S. Tomás identifica-a com "a razão da divina sabedoria que conduz tudo ao devido fim". E a sabedoria de Deus é providência, amor que cuida com diligência. É o próprio Deus, portanto, que ama e cuida, no sentido mais literal e fundamental, de toda a criação (Sab 7,22; 8,11). Mas aos homens, Deus provê de um modo diferente do usado com os seres que não são pessoas: não "de fora", através das leis da natureza física, mas "de dentro", mediante a razão que, conhecendo pela luz natural a lei eterna de Deus, está, por isso mesmo, em condições de indicar ao homem a justa direção do seu livre agir. Deste modo, Deus chama o homem a participar da sua providência, querendo dirigir o mundo por meio do próprio homem, ou seja, através do seu cuidado consciencioso e responsável: não só o mundo das coisas, mas também o das pessoas humanas. Neste contexto se situa a **lei natural** como a expressão humana da lei eterna de Deus: "Em relação às outras criaturas – escreve S. Tomás –, a criatura racional está sujeita de um modo mais excelente à divina providência, enquanto ela também se torna participante da providência ao cuidar de si própria e dos outros. Por isso, ela participa da razão eterna, graças à qual tem uma inclinação natural para o ato e o fim devidos; esta participação da lei eterna na criatura racional é chamada lei natural".

Fonte: João Paulo II, 1993, grifo do original.

Com base na leitura do texto:

1. Identifique as leis apresentadas pela carta encíclica.
2. Reflita sobre o carater pedagógico da lei divina.

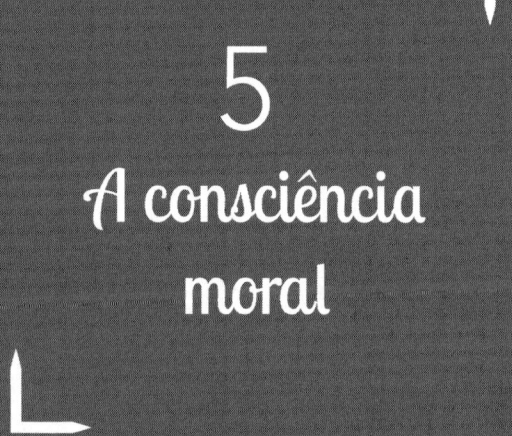

5
A consciência moral

Neste capítulo, trataremos da consciência moral, que podemos definir como aquela luz que acende quando fazemos uma reflexão sobre nossos atos para verificar se eles estão de acordo ou não com a moralidade da ação, ou seja, se nossas ações vão na direção do bem ou do mal.

A consciência é o que o ser humano tem de mais sagrado e não pode ser violada. É o que o homem tem de mais íntimo e sai de seu interior. Por isso, abordaremos a consciência sob uma perspectiva teológica, discutindo quando se deve segui-la e quando se deve pedir ajuda para tomar uma decisão. Veremos também algumas definições de consciência e como esse juízo da razão opera sobre nossos atos.

Examinaremos as propriedades da consciência, a divisão que apresenta e suas modalidades, principalmente quando há o problema da ignorância, que pode alterar as funções da consciência. Por fim, discutiremos a relação entre a educação e a formação da consciência e a constituição de bons juízos das próprias ações.

5.1 Consciência: definição e perspectivas

Para Santo Alfonso Maria de Ligório, a consciência é o ditame da razão, mediante a qual julgamos se uma ação deve ou não ser realizada. A consciência é a regra próxima de nossas ações, porque cada ato humano se julga virtuoso ou vicioso não segundo seu ato material, mas de acordo com a ideia que temos de sua bondade ou de sua malícia (Ligório, 1936, p. 7).

A definição de Santo Alfonso indica que a consciência, por meio da inteligência, dita as normas que devem ou não ser seguidas. Essas decisões não se caracterizam como um ato material, isto é, como uma ação, e sim pela bondade ou malícia que qualifica um ato.

A ideia do cardeal Newman sobre a consciência aparece no parágrafo 1779 do Catecismo da Igreja Católica e na Carta ao Duque de Norfolk. Newman analisa a concepção de consciência como a voz de Deus na natureza e no coração do ser humano, a qual é distinta da voz da revelação. Essa concepção considera a existência em nós de um princípio antes que tivéssemos recebido uma educação e a presença de um elemento constitutivo da mente, que pode ser nossa percepção de outras ideias, nossa faculdade de raciocínio ou nosso senso de ordem ao belo e a outros dotes intelectuais.

A consciência não é um egoísmo calculado nem um desejo de ser coerente com si mesmo, e sim o original vigário de Cristo, profético em sua palavra soberana e sacerdotal (Newman, 1999, p. 218-220).

Newman responde à consideração do Duque de Norfolk sobre a infalibilidade papal e afirma que "sua autêntica missão é proclamar a lei moral e proteger e reforçar aquela 'luz que ilumina cada homem que vem a este mundo' (Jo 1,9). Sobre a lei e sobre a santidade da consciência é fundada tanto sua autoridade em teoria quanto seu poder na prática" (Newman, 1999, p. 225, tradução nossa).

Analisa o apelo dos homens ao direito de consciência e o apelo dos que não entendem os direitos do Criador nem o dever que, tanto no pensamento como na ação, a criatura tem em direção a Deus. Assim, Newman discute o direito de pensar, falar, escrever e agir seguindo o próprio juízo e o próprio humor, sem dar qualquer atenção a Deus.

Para Newman (1999, p. 221, tradução nossa), "a consciência tem direitos porque tem deveres; mas nos dias de hoje, para uma boa parte da gente, o direito à liberdade de consciência consiste propriamente no desimpedir da consciência, em ignorar o legislador e o juiz, em ser independente das obrigações que não se veem".

Segundo Newman (1999, p. 222, tradução nossa), a consciência passa a ser uma "severa conselheira, mas neste século deixou o lugar a um pretexto falso, de que não se havia ouvido jamais falar durante dezoito séculos, se houvesse sentido, não seria nunca deixado encarnar: o direito de agir ao próprio querer".

As ideias de Santo Alfonso e do cardeal Newman nos levam às ideias de São Tomás de Aquino, que considerava a consciência em relação à sindérese, naquilo que o homem tem de mais natural. Com relação ao juízo da consciência, o Catecismo da Igreja Católica faz menção à sindérese, que compreende a percepção dos princípios da moralidade expostos por São Tomás de Aquino. Este entende a sindérese como um "hábito natural igual ao hábito dos primeiros princípios, ou também indica a mesma potência da razão com tal hábito" (Tomás de Aquino, 2003, I-II, q. 16, solução).

São Tomás de Aquino estabelece uma relação entre a sindérese e a consciência, criando uma imagem para compreender essa fonte da consciência. Essa imagem provém de São Jerônimo, que, em seu comentário à visão dos quatro animais de Ezequiel (1, 4-28), refere-se à sindérese como uma faísca, um brilho da consciência: "como a faísca que é o de mais puro no fogo e que voa acima de todo o fogo, assim a sindérese é isto que está mais alto no juízo da consciência, e segundo esta metáfora se diz que a sindérese é a faísca da consciência" (Tomás de Aquino, *De veritate*, q. 17, a. 2, ob. 3, citado por Albertuni, 2011, p. 145-146).

Essa comparação com a visão de Ezequiel menciona os animais sagrados que apresentam uma pureza natural e que não foram manchados pelas coisas do mundo, assim como os primeiros princípios morais naturais que o homem possui por sua natureza humana.

No Concílio Vaticano II, a constituição pastoral *Gaudium et Spes* nos apresenta a dignidade da consciência moral:

> No fundo da própria consciência, o homem descobre uma lei que não se impôs a si mesmo, mas à qual deve obedecer; essa voz, que sempre o está a chamar ao amor do bem e fuga do mal, soa no momento oportuno, na intimidade do seu coração: faze isto, evita aquilo. O homem tem no coração uma lei escrita pelo próprio Deus; a sua dignidade está em obedecer-lhe, e por ela é que será julgado. (GS, n. 16)

A consciência é o que o homem tem de mais nobre. É o núcleo mais íntimo, o "santuário de Deus", sacrário do homem, "lugar em que Deus fala", por isso é considerada sagrada. É o centro mais secreto e o santuário do homem, no qual este se encontra a sós com Deus, cuja voz se faz ouvir na intimidade de seu ser.

Conforme o Catecismo da Igreja Católica, "a consciência moral é definida como um juízo da razão, pelo qual a pessoa humana reconhece a qualidade moral de um ato concreto" (CIC, n. 1796).

A consciência é um juízo racional prático que julga acerca da bondade ou malícia de uma ação, como já falava Santo Alfonso, e tem seu fundamento quando conhece e atua, sendo capaz de emitir juízos teóricos e práticos sobre o valor moral de seus atos. A função da consciência é julgar as ações do indivíduo, determinando sua qualidade, e julgar se são boas ou más.

Tendo em vista as considerações apresentadas, podemos afirmar que a consciência moral é um juízo do entendimento prático (da ação feita) baseado nos primeiros príncipios morais (naturais e revelados, ou seja, o senso moral de fazer o bem e evitar o mal), que atua sobre a moralidade de nossas ações em sua singularidade (Haro, 1992, p. 508).

A consciência, além de emitir um juízo de conhecimento sobre os atos do indivíduo, acrescenta um conhecimento de si mesmo em um atuar livre, mostrando à pessoa a bondade ou a maldade de suas ações. Por exemplo, quando as pessoas são conscientes de que determinado ato de sevir é bom ou que é algo mau falar certas palavras injuriosas, mostram um juízo sobre a retidão e a moralidade dos atos e qualificam as ações em boas ou más (Haro, 1992, p. 508).

5.2 Propriedades da consciência moral

Como vimos na seção anterior, a consciência é o juízo da razão que reflete sobre a ação que fazemos em relação ao bem e ao mal. Isso constitui a matéria do juízo da consciência, que julga os atos que vamos realizar antes de eles acontecerem, mostrando uma ordem ao bem, de modo a instigar, induzir ou ligar a vontade ao que pretendemos realizar. Depois, a consciência dita regras sobre a moralidade dos atos já realizados. Se as regras foram seguidas, a consciência aprova e passa-se a ter uma consciência tranquila. Ao contrário, se a regra moral foi rejeitada, a consciência acusa ou fica remoendo a má ação feita (Haro, 1992, p. 513).

A consciência apresenta características ligadas aos hábitos dos primeiros princípios morais que guiam a inteligência para a verdade sobre o bem, estando naturalmente inclinada ao conhecimento e ao amor às pessoas, ou encontra-se contrariada pelas manchas do pecado, podendo contar com a graça, que cura e aperfeiçoa as forças naturais (Haro, 1992, p. 515).

A primeira característica da consciência é que ela é a luz da vida e nos ensina a viver com ela. É assim que pensamos quando vivemos neste mundo "imperfeito e não raramente com ambientes sociais mais ou menos corrompidos, aos que se soma a cumplicidade de nossa natureza caída, não é sempre fácil [...] encontrar e reconhecer qual seja a verdade sobre o bem e o mal moral" (Haro, 1992, p. 516, tradução nossa). É verdade que no mundo em que vivemos nos deparamos com uma verdade relativa e, como cristãos, precisamos tomar uma posição, mas muitas vezes ficamos com dúvidas e nossa consciência acende uma luz que indica o caminho certo. Muitas vezes, porém, optamos pelo caminho que não leva a Deus.

A segunda característica está relacionada ao juízo da consciência e ao modo de proferir esse juízo por meio de uma consciência habitual. Aqui, o termo *consciência* indica não apenas o juízo moral, mas o modo habitual de emiti-lo. A consciência pode ser delicada ou laxa, consequência das disposições pessoais que influenciam nossos juízos acerca de nossas ações morais. Por isso, precisa de uma disposição habitual que favoreça ou dificulte o reto juízo da consciência. Na verdade, é por meio das disposições habituais, movidas por uma consciência bem formada ou deformada, que nos inclinamos a julgar nossas ações (Haro, 1992, p. 516-517).

Vejamos a seguir as propriedades da consciência moral, que ajudam a entender o ditame da inteligência sobre as ações.

a. **A consciência é acompanhada de todo ato livre.**
   O conhecimento da bondade ou a malícia dos atos, próprios do juízo da consciência, formam parte do mesmo processo pelo qual se realizam os atos livres. Por isso, o juízo da moralidade é um aspecto constitutivo do conhecimento intelectual que a pessoa tem acerca de seus atos. Por meio desse conhecimento intelectual, a consciência diferencia-se de uma sensibilidade, alcançando uma singularidade em sua razão em relação ao bem e ao mal (Haro, 1992, p. 517-518).

b. **A consciência não obriga por sua própria virtude, mas pelos preceitos divinos.**
   A consciência orienta a conduta do homem, obriga-o a agir de determinado modo e assinala o bem que este deve fazer e o mal que deve evitar. A consciência obriga porque mostra a vontade de Deus. O juízo da consciência procede do conhecimento do valor dos próprios atos, em conformidade com a própria perfeição segundo a qual o homem foi criado e que foi inscrita por Deus em seu próprio ser, graças à luz da inteligência, aperfeiçoada pelos hábitos dos primeiros princípios morais. Assim, a consciência obriga na medida em

que apresenta a ordem da lei divina, natural e revelada, e não obriga por sua virtude, mas pelo preceito divino (Haro, 1992, p. 521-522).

Podemos concluir, então, que a moral não alcança seu fundamento último e definitivo senão em Deus, principalmente em sua vontade criadora. Por isso, a consciência apresenta-se como tal, refletindo sempre a relação entre o homem e Deus. A consciência, portanto, não cria a lei, mas a descobre e a torna um guia (Haro, 1992, p. 523-524). A consciência obriga não por ser um pensamento do sujeito, mas porque esse pensamento, com sua inteligência, descobre uma ordem intrínseca do ser, sua ordem moral objetiva, que vem de Deus e constitui o plano do Criador para suas criaturas (Haro, 1992, p. 526).

c. **A consciência pode errar e obscurecer, mas não perde sua dignidade, sua luz e seu brilho.**

A consciência pode errar e a luz que acende quando se emite um juízo não se apaga, evidenciando que ela é limitada, principalmente pela inteligência e pela inclinação natural à verdade que o homem recebeu de Deus, que, sendo infinito, dotou-o de sua inteligência e verdade. No entanto, os seres humanos são criaturas limitadas e herdam esses atributos.

Por ser um juízo da inteligência, a consciência pode equivocar-se. De acordo com o modo pelo qual o erro se revela na mente humana, pode ser culpável ou inculpável. A inteligência está inclinada à verdade e, por isso, o homem que tem boa vontade acerta no juízo moral e pode equivocar-se quando a consciência não é infalível nem inapelável (Haro, 1992, p. 530).

Essa ideia de que a consciência pode errar é reforçada pela constituição pastoral *Gaudium et Spes*, como já vimos:

> Quanto mais, portanto, prevalecer a reta consciência, tanto mais as pessoas e os grupos estarão longe da arbitrariedade cega e

> procurarão conformar-se com as normas objetivas da moralidade. Não raro, porém, acontece que a consciência erra, por ignorância invencível, sem por isso perder a própria dignidade. Outro tanto não se pode dizer quando o homem se descuida de procurar a verdade e o bem e quando a consciência se vai progressivamente cegando com o hábito do pecado. (GS, n. 16)

A consciência erra quando o homem deixa-se levar pelo pecado, que obscurece a razão e não permite perceber que sua opinião pode estar errada. Assim, a consciência não consegue sair da ignorância e ver a verdade.

Nesse sentido, a consciência é uma luz indestrutível e com a qual o homem, valendo-se da razão, consegue discernir o bem do mal em virtude dos primeiros princípios, os hábitos naturais contidos em sua natureza (Haro, 1992, p. 531).

d. **A consciência está chamada a acolher livremente a verdade e a respeitá-la sempre.**

Fala-se da verdade no sentido da liberdade das consciências e considera-se que "Os homens de hoje tornam-se cada vez mais conscientes da dignidade da pessoa humana e, cada vez em maior número, reivindicam a capacidade de agir segundo a própria convicção e com liberdade responsável, não forçados por coação, mas levados pela consciência do dever" (DH, n. 1). O texto trata de uma liberdade da consciência religiosa e acrescenta: "De harmonia com a própria dignidade, todos os homens, que são pessoas dotadas de razão e de vontade livre e por isso mesmo com responsabilidade pessoal, são levados pela própria natureza e também moralmente a procurar a verdade, antes de mais a que diz respeito à religião" (DH, n. 2).

Desse modo, os seres humanos têm o dever, e não apenas o direito, de buscar a verdade em matéria de religião para se formarem, com os meios apropriados, juízes da consciência, retos e verdadeiros.

Existem algumas aplicações práticas em relação às liberdades de consciência:

- Sempre há um juízo da consciência e mesmo as pessoas mais pervertidas conservam essa luz de Deus; mesmo quem teoriza afirmações de que não existe bem nem mal conserva em seu interior a luz da consciência.
- Quando se atua contra a luz da consciência, nunca se conquista plena segurança no próprio juízo nem a luz segura da verdade.
- Quando a pessoa age na retidão, afirma-se com um conhecimento do bem e adquire paz e alegria (Haro, 1992, p. 535).

5.3 A divisão da consciência

É possível distinguir diversas modalidades da consciência segundo sua relação com os atos, a lei moral ou a segurança com que se interligam.

a. **Quanto ao momento em que se emite o juízo**
   - **Antecedente**: precede a ação e, antes de atuar, pensa se o que se vai realizar é bom ou mau (Fernández, 2004, p. 141). Age sobre um ditame específico da ação, sendo responsável por mandar fazer ou proibir, permitir ou aconselhar que se realize a ação (Haro, 1992, p. 536).
   - **Concomitante**: acompanha a ação enquanto esta se realiza.
   - **Consequente**: é o juízo moral que se faz depois de ter realizado uma ação (Fernández, 2004, p. 141). Julga o ato já realizado e o aprova, se for bom, causando uma satisfação espiritual, ou o reprova como mal, produzindo uma dor ou inquietude que chamamos de *remorso* (Haro, 1992, p. 536).

b. **Quanto à norma e à lei que deve cumprir**
   - **Verdadeira**: coincide objetivamente com a norma ou a lei (Fernández, 2004, p. 142). Aprecia retamente o bem e o mal, em conformidade com a lei moral. Essa retidão gerada pela consciência verdadeira é obtida por meio da aplicação correta dos princípios morais aos atos singulares que realizamos (Haro, 1992, p. 537).
   - **Errônea**: não corresponde ao que a norma determina. Na consciência errônea, admitem-se duas possibilidades: que o erro seja vencível, ou seja, quando se pode sair do erro, ou que seja invencível, isto é, quando não é possível conhecer o conteúdo da lei. A consciência com ignorância vencível, ao contrário, é sempre culpável. Quem atua com ignorância invencível não peca se depois tomou as medidas oportunas para conhecer o que é permitido ou proibido. Na Seção 5.4, abordaremos com mais detalhes a ignorância vencível e a invencível (Fernández, 2004, p. 142).

c. **Quanto ao assentimento ao juízo**
   - **Certa**: emite um juízo com segurança.
   - **Duvidosa**: quando se duvida de algum dado relacionado ao ato que se executa ou se omite – se existe ou não uma lei que preceitua ou proíbe uma ação ou mesmo o que determina a própria lei. Na constituição de uma dúvida, esta pode ser: positiva, quando surge por algum motivo sério que levanta a suspeita e permite duvidar, ou negativa, quando surge sem qualquer motivo.

d. **Quanto ao modo habitual de emitir um juízo**
   - **Delicada**: procura em todos os momentos e nos atos mais pequenos julgar retamente sobre o que é mandado ou proibido com a finalidade de cumprir o que é devido.

- **Escrupulosa**: encontra motivo de pecado quando não há razão para isso.
- **Laxa**: é a que se sente justificada para não observar a norma.

e. **Quanto à responsabilidade com a qual é emitido o juízo**
   - **Reta**: ajusta-se ao ditame da razão, como ensina o Catecismo da Igreja Católica: "classifica-se de prudente o homem que opta em conformidade com este juízo" (CIC, n. 1780).
   - **Distorcida**: não se submete à própria razão e atua de modo imprudente e temerário (Fernández, 2004, p. 143-144).

A consciência moral apresenta algumas propriedades ao emitir um juízo prático:

- É preciso atuar sempre com a consciência verdadeira.
- Nunca é lícito atuar com consciência duvidosa acerca da licitude de uma ação. Quando há o temor de errar, é preciso tomar as medidas oportunas para sair da dúvida.
- A dúvida puramente negativa não deve ser levada em conta no momento de atuar, mesmo que haja alguma razão de pouco peso.
- A consciência invencivelmente errônea, quando permite algo que está proibido e o realiza, não comete pecado.
- A consciência que sofre um erro invencível deve ser obedecida no que manda ou proíbe; caso contrário, o homem atua contra a consciência e peca.
- É pecado atuar com consciência vencivelmente errônea.
- A consciência é livre, por isso não deve ser violada por ninguém, sendo que o próprio Deus respeita a liberdade da pessoa humana.
- O homem não é livre para não formar sua consciência e está obrigado a empregar os meios necessários para formar uma consciência eticamente reta (Fernández, 2004, p. 144-145).

5.4 Causas dos erros da consciência moral

Uma das causas do erro da consciência é a ignorância em relação à norma, como no caso de uma pessoa que não conhece que existe uma lei que manda denunciar os responsáveis por certos crimes ou no caso de quem não sabe que a ação que presenciou é um crime (Luño; Colom, 2008, p. 363), evidenciando uma ignorância por não saber do que se trata ou mesmo para fugir da responsabilidade de algumas situações.

A ignorância, na linguagem moral, pode ser conhecida também como um erro que "caracteriza a condição de criatura livre que pode errar, intelectualmente ou moralmente, e se distanciar assim da verdade" (Bruguès, 1994, p. 146, tradução nossa).

Para analisar o modo como a ignorância pode modificar a imputabilidade moral, que vimos no Capítulo 2, é necessário distinguir dois gêneros de ignorância. A **ignorância invencível** é aquela que domina até o ponto de não deixar qualquer possibilidade de reconhecê-la e distanciá-la; na **ignorância vencível**, consideram-se as circunstâncias do sujeito agente e ela pode ser reconhecida e eliminada, mas permanece porque não se quis superá-la ou porque não se fez o possível para vencê-la (Luño; Colom, 2008, p. 363).

Para Bruguès (1994, p. 147, tradução nossa), o erro vencível "designa o comportamento daquele que, por preguiça ou negligência, não recorreu aos meios possíveis para assegurar o bem de sua consciência".

Para Luño e Colom (2008, p. 364, tradução nossa), a ignorância é vencível "quando surgem dúvidas sobre a verdade da própria opinião (ou por uma certa insegurança da consciência ou pelo contraste entre essa opinião e a das pessoas prudentes) e, dispondo-se dos meios aptos para descobrir essa verdade, não se atua com a oportuna diligência por preguiça, malícia etc.".

A ignorância invencível elimina a liberdade e a imputabilidade moral da ação na mesma medida de sua amplitude. É, portanto, inculpável (quem dispara em direção a uma pessoa que não reconheceu ser o próprio pai é culpável de homicídio, mas não de parricídio). A ação causada por esse tipo de ignorância é não voluntária, ou involuntária.

A ignorância vencível não tira a liberdade nem a imputabilidade moral da ação (o sujeito não quer a ação porque ignora, mas ignora porque quer), porém pode atenuá-la. É, portanto, culpável porque pressupõe uma desordem moral voluntária, ao menos por negligência. Cabe analisar se essa ignorância presume no sujeito uma culpa grave ou leve, se responde a uma vontade expressa de ignorar para poder satisfazer os próprios desejos sem obstáculos (ignorância crassa, erro grosseiro, rude, excessivo) ou se é uma simples negligência que, sem tirá-la, atenua a responsabilidade (ignorância simplesmente vencível) (Luño; Colom, 2008, p. 364).

Com relação à consciência invencível, Santo Alfonso considera que

> Não se dá a ignorância invencível sobre o pecado de desejo naqueles que sabem serem pecaminosos em relação à coisa desejada. Todavia, pela prática quero fazer uma distinção entre o desejo absoluto e por si eficaz e o desejo condicionado ou por si ineficaz. O primeiro é quando o homem deseja absolutamente cometer um pecado, por exemplo, um furto, e o deseja assim cordialmente, e, se não rouba, isso vem somente porque se acha impedido de roubar. O segundo seria se o homem desejasse fazer um mal, por exemplo, um furto, mas sob uma condição, se o furto fosse lícito; ou também se desejasse cometê-lo no caminho de uma luxúria, que não queria nunca efetuar nem mesmo podendo. (Ligório, 1936, p. 9, tradução nossa)

A ideia de Santo Alfonso mostra que a pessoa perde a noção do certo e do errado e não consegue sair dessa situação nem com o conselho de pessoas experientes. Por isso, o erro invencível é cometido por uma pessoa de boa-fé, que se cercou do juízo de sua consciência e, apesar de todos os esforços, esse juízo mostra-se falso (Brugués, 1994, p. 147).

A ignorância é invencível quando a pessoa sequer suspeita que sua opinião é errada e, portanto, deveria retificá-la. Muitas vezes, apesar de haver reflexão, estudo e consulta a pessoas prudentes e experimentadas sobre um problema, chega-se sinceramente a uma solução objetivamente errônea.

De fato, a ignorância é invencível quando não é causada nem direta nem indiretamente pela vontade e é vencível quando deriva de um ato voluntário: não querer informar-se sobre uma questão, descuidar habitualmente dos aspectos morais da própria profissão, fechar-se ante as exigências éticas etc.

5.4.1 Dúvidas e deformações da consciência

Para entender como acontecem as dúvidas e deformações da consciência, é preciso partir da ideia da consciência certa como aquela que segue a consciência verdadeira e os preceitos da lei. Como vimos, a **consciência errônea** é aquela que segue uma coisa falsa (Ligório, 1936, p. 7), contrária às normas morais. A **consciência duvidosa** é a que não sabe agir com as regras morais e fica na dúvida se deve seguir ou nao, vacilando em relação à licitude de um ato. É necessário que haja motivos sérios para se duvidar e as dúvidas que não se fundamentam em razões sérias não devem ser levadas em consideração, caracterizando uma dúvida negativa ou leve (Fernández, 1992, p. 620).

A dúvida apresenta-se de duas maneiras, podendo ser positiva e prática. A **dúvida positiva** está fundamentada no temor de errar. É o caso, por exemplo, de uma pessoa que não sabe com segurança que determinada afirmação pode ser caracterizada como calúnia. A **dúvida prática** refere-se a um modo concreto de agir e não a controvérsias doutrinárias, que constituem uma dúvida especulativa. É o caso, por exemplo, de uma pessoa que não está segura se uma vez declarou na alfândega uma mercadoria sujeita às taxas (Haro, 1992, p. 550-551).

Por ser um estado da mente, a dúvida torna-se uma triste realidade da existência humana em relação à verdade e apresenta-se por meio da ignorância, quando a razão carece de conhecimento; do erro, quando a mente sustenta uma sentença que não corresponde à verdade; da opinião, em que se adere a uma sentença de modo não absoluto; e da dúvida, quando se adere, mas com um temor de que a opinião contrária esteja certa (Fernández, 1992, p. 621-622).

As deformações que a consciência apresenta estão relacionadas ao influxo da vontade nos juízos da consciência e têm causas tanto pessoais como externas, mas sempre são uma deformação da vontade, que desempenha um papel decisivo no conhecimento da verdade e do bem. Ocorre um desvio na vontade tendendo a um juízo, o qual apresenta variações que alteram um juízo reto da consciência (Haro, 1992, p. 559-560).

A primeira deformação da consciência apresenta-se como uma **consciência laxa**, que, por uma razão insuficiente, julga que os atos maus não são pecados, ou ao menos diminui sua gravidade, e corresponde à situação de pessoas que agem mal e não sentem remorso na consciência. São pessoas que julgam seus atos maus como não pecaminosos ou como atos que não apresentam a gravidade moral que realmente possuem (Haro, 1992, p. 564).

Uma segunda deformação é a **consciência perplexa**, que, de acordo com Santo Alfonso, ocorre "quando de duas ações devesse necessariamente fazer uma, se julga que seja pecado uma e outra, que em todos os sentidos cada modo se tenha de violar a lei de Deus" (Ligório, 1936, p. 8, tradução nossa). É uma situação de quem não se decidiu a atuar por temor de pecar e pode tanto realizar como omitir o pecado. São diversos os graus ou as situações em que a consciência perplexa pode acontecer. Geralmente, trata-se de casos de consciência duvidosa, aos que se acrescentam temores próprios do escrúpulo (Haro, 1992, p. 570).

Aparece também como deformação a **consciência escrupulosa**, modo habitual de julgar os próprios atos. Ela julga que há pecado quando não há ou tende a ampliar os pecados convertendo-os sem motivos de leves para graves. A origem moral dos escrúpulos pode ter causas psicológicas, sobrenaturais (como uma prova divina que sirva para uma purificação ascética), uma educação moral excessivamente rigorosa ou uma formação teológica deficiente (Fernández, 1992, p. 628).

O escrupuloso é aquele que, por uma razão vã, torna-se incapaz de persuadir um homem prudente, duvida da honestidade de suas ações (Ligório, 1936, p. 8), vê pecado em situações nas quais ele não existe e não coloca sua confiança na misericórdia de Deus.

As deformações da consciência geram as dúvidas de consciência, principalmente na hora de agir. Por isso, existem meios que ajudam a eliminar a dúvida que impede a ação e a dificuldade de ser objetivo em assuntos pessoais (Haro, 1992, p. 553).

Por sermos cristãos, o que nos ajuda a sair da dúvida são as orações que fazemos, os estudos que realizamos para conhecer melhor nossa fé e o pedido de conselho a um padre ou a uma pessoa mais velha que tenha uma vasta experiência de vida e possa nos ajudar.

O que também ajuda a evitar as deformações da consciência é a objeção de consciência, ou seja, a rejeição de submeter-se a uma norma ou a uma disposição da lei que se considera injusta, opondo-se à lei natural, fundamental na vida humana e percebida como tal na consciência. Como exemplo, podemos citar a história de Desmond Doss, adventista que foi convocado para a Segunda Guerra Mundial e, por seus princípios religiosos, negou-se a usar uma arma, conseguindo autorização para servir como agente de atendimento aos feridos. A história foi retratada no filme *Até o último homem*, em que se conta que ele conseguiu salvar 75 homens sem usar uma arma sequer.

5.4.2 Princípios para seguir a consciência

Os princípios para seguir a consciência podem ser sintetizados da seguinte maneira:

- Somente a consciência certa é regra moral. A consciência certa deve ser seguida. Quem age contra ela realiza o mal, pois contradiz a exigência moral conhecida. Não é decisivo a esse respeito que a consciência seja verdadeira ou falsa.
- A consciência deve ser verdadeira ou invencivelmente errônea por ser regra da moralidade. Em sentido estrito, somente a consciência verdadeira é regra de moralidade. Todavia, a imperfeição e a falibilidade humana possibilitam que o homem, colocando a diligência devida, em alguns casos, estime sem culpa como reta uma consciência que na realidade é errônea. Por isso, a consciência certa invencivelmente errônea também deve seguir. Essa consciência, porém, não é regra em modo absoluto: obriga somente se permanece no erro; em outra ocasião, obriga por acidente, não por si mesma, mas na medida em que invencivelmente se considera verdadeira. O erro

subjetivo invencível, por não ser moralmente imputável, é nocivo e não pode ser trocado com a verdade. A falibilidade da consciência humana sublinha que sua formação é um dos deveres morais mais importantes e urgentes para a pessoa humana.

- A consciência vencivelmente errônea nunca é uma norma moral. Não é lícito segui-la, pois a ação conseguinte a um erro culpável também é culpável na causa, assim como o erro do qual procede. Não se pode agir contra ela, pois se faria aquilo que aqui e agora aparece como mal. Há, portanto, a obrigação de sair do erro antes de agir.
- Não é lícito agir com uma consciência da maldade do ato. Quem age com incerteza positiva (fundada sobre a razão e suspeitas sérias) acerca da maldade dos atos expõe-se voluntariamente a atuar mal, e por isso deve assegurar o juízo da consciência (consciência certa) antes de passar à ação.
- A consciência duvidosa, que suspende o juízo, tampouco pode ser regra moral. Para sê-lo, a consciência deve julgar com segurança. Ante a consciência duvidosa, aplicam-se os mesmos critérios da consciência provável (Luño; Colom, 2008, p. 365-366).

5.5 Educação e formação da consciência

Todos nós já nos perguntamos qual é a procedência de nossa consciência. A consciência é um atributo do ser espiritual, dotado de inteligência, razão e vontade, o que constitui a consciência moral. Assim, podemos afirmar que a consciência tem seu início sem os conteúdos sobre o bem e o mal, os quais são adquiridos depois, com a educação e a formação moral (Fernández, 1992, p. 636).

Para São Tomás de Aquino, a consciência apresenta uma disposição para adquirir os princípios morais "quando o que está em potência para algo recebe aquilo para o qual estava em potência" (Tomás de Aquino, 2002, I, q. 79, a. 2, resposta 3). Ou seja, nascemos com a capacidade de desenvolver um juízo moral na consciência, mas que ainda não está em atividade. É o caso de uma criança que ainda não possui a capacidade de distinguir o bem do mal, mas, sendo formada e educada para isso já na infância, quando chegar à idade adulta será capaz de emitir um juízo da consciência bem estruturado e com um conhecimento reto de suas ações (Fernández, 1992, p. 636). Voltamos aqui ao exemplo da pessoa que deseja aprender uma língua estrangeira. Para se inserir na língua pretendida, precisa de quem a coloque dentro, o professor. Somente as aulas do professor não são suficientes, sendo necessário dedicar horas de estudo pessoal se deseja aprender a língua estrangeira. Assim também acontece com a consciência.

Pela formação da consciência, procura-se alcançar alguns objetivos, como a personalização da consciência e sua retidão. Personalizar a consciência e ter acesso a toda a riqueza espiritual que esta proporciona faz com que ela ocupe um lugar central em nossa existência. Não se trata de uma mera educação e formação da consciência, é preciso que reflita nas ações práticas da pessoa.

Por fim, devemos considerar os meios necessários para formar uma consciência reta, como a reflexão sobre os atos dentro de um juízo prático, aplicando-se os primeiros princípios a cada um de nossos atos. É preciso pensar antes de agir e ponderar se o ato que está sendo executado está em conformidade com os princípios da consciência, fazer o bem e evitar o mal.

A sinceridade e o fato de ser uma pessoa de uma só face também ajudam a consciência. É necessário ter um conhecimento das reações e do caráter de uma pessoa para dizer se ela é verdadeira e não compactua com a mentira.

Manter o hábito do exame de consciência é essencial para nos conhecermos e melhorarmos, corrigindo nossos defeitos. É importante saber escolher as leituras, os programas de televisão e os conteúdos da internet para não poluir nossas ideias e ir contra a coerência que queremos como cristãos.

Cabe mencionar, por fim, a prática da direção espiritual e da confissão frequente. Como uma necessidade da alma, temos o hábito de pedir conselhos em assuntos mais delicados para pessoas com mais experiência de vida e que nos ajudam a encontrar o caminho. A confissão frequente nos ajuda a estar na graça de Deus e receber as inspirações do Espírito Santo para acertarmos em nossos juízos.

Este capítulo procurou mostrar a importância da consciência no agir do homem, desde seu nascimento. O estudo da consciência nos deve levar, como cristãos, a agir não pressionados, por medo de errar, mas de um modo livre, que nos leve a uma coerência de vida, a viver segundo aquilo em que se acredita e a defender os valores da consciência cristã com a qual fomos formados.

Síntese

- A consciência é o que há de mais sagrado no ser humano, sendo responsável pelo julgamento e pela reflexão sobre a concordância do ato humano em relação ao bem ou ao mal.
- Na história da teologia moral, destacam-se três autores que trataram da consciência moral: Santo Alfonso Maria de Ligório, que fala da consciência que dita normas de vivência por meio da inteligência, qualificando os atos; cardeal Newman, para quem a consciência moral é a voz de Deus na natureza humana e fala antes mesmo do recebimento da educação, ou seja, é algo constitutivo da mente

e impulsiona a humanidade na direção de Deus; e São Tomás de Aquino, que se refere à sindérese, definida como um hábito natural, igual ao dos primeiros princípios, uma faísca pura da consciência que não é contaminada pelo mundo. Com base nesses autores, podemos afirmar que a consciência é um juízo prático sobre uma ação realizada segundo princípios morais naturais e revelados.

- A consciência apresenta duas grandes características: é a luz da vida, pois guia o ser humano no cotidiano em direção à vida na graça; e não é somente um juízo, mas um hábito moral.
- A consciência apresenta as seguintes propriedades: a) acompanha todo ato livre, pois faz parte dele; b) não obriga pela virtude, mas por preceito divino; c) pode obscurecer, mas não perde a dignidade nem o próprio brilho; d) tem por objeto a verdade e torna o ser humano mais aberto à dignidade humana, por isso a importância da liberdade de consciência.
- A consciência apresenta diversas divisões e classificações quanto: ao momento da emissão do juízo (antecedente, concomitante e consequente); à norma (verdadeira e errônea); à força de assentimento (certa e duvidosa); ao modo habitual (delicada, escrupulosa e laxa); à responsabilidade do juízo (reta e distorcida).
- A ignorância pode ser causa de erro na consciência e classificar-se em vencível e invencível. É vencível quando a pessoa não quer saber alguma coisa, omitindo a verdade, e, portanto, há imputabilidade moral sobre suas ações. É invencível quando há alguma informação ou formação que lhe foge da possibilidade do querer, ou seja, não há liberdade em desejar aquilo e, portanto, não há imputabilidade moral.
- Outra questão que pode provocar o erro na consciência são as dúvidas e as deformações na consciência. As dúvidas podem ser causadas de forma positiva, ou seja, a pessoa não tem certeza daquilo que fala, se algo é calúnia ou verdade ou se determinada lei existe ou não.

A dúvida pode ser fruto de um estado da mente no qual, pelo processo do conhecer, gera-se a dúvida que interfere no juízo moral. A dúvida também pode ser provocada por deformação na consciência, que pode ter origem psicológica ou na insuficiente formação teológica.

- O princípio da consciência consiste em tomar a consciência certa como regra moral. É verdade que a consciência invencivelmente errônea não peca; contudo, ainda existem os efeitos negativos de um ato humano assim. A consciência moral certa é o princípio norteador da ação e da educação da consciência.
- A consciência, como parte natural da mente, também passa por um processo de crescimento, ou seja, de educação. Enquanto potência na alma, precisa ser atualizada pela educação a fim de que, com o crescimento da pessoa, possa ser desenvolvida sua capacidade moral de juízo e de discernir entre o bem e o mal.

Indicações culturais

Vídeos

ATÉ O ÚLTIMO homem. Direção: Mel Gibson. Austrália/EUA: Diamond Films, 2017. 140 min.

O filme conta a história de Desmond Doss, que, por seus princípios religiosos, nega-se a usar armas em plena Segunda Guerra Mundial.

HANNAH Arendt. Direção: Margarethe von Trotta. Alemanha/Luxemburgo/França: Esfera Cultural, 2013. 113 min.

O filme, baseado em fatos reais, narra a história de Hannah Arendt. No campo de concentração, a professora de Filosofia é convidada a fazer a cobertura do julgamento de Adolf Eichmann, condenado por crimes nazistas.

OS ÚLTIMOS passos de um homem. Direção: Tim Robbins. Reino Unido/EUA: Fox Film do Brasil, 1995. 122 min.

O filme conta a história da irmã paulina Helen Prejean, que trabalha pastoralmente junto a pessoas que receberam uma sentença de morte e conhece Mathew Poncelet, condenado à morte por um crime brutal.

Atividades de autoavaliação

1. Acerca da consciência moral, é possível afirmar que ela:
   a) existe por meio da educação moral do bem e do mal e, nesse sentido, não faz parte da essência humana, mas é aprendida e aprimorada.
   b) é um sacrário no qual a voz de Deus ressoa no homem; contudo, por uma má-formação, pode ser vencível, ou seja, corromper-se a ponto de não mais poder ajudar a humanidade.
   c) é parte integrante da mente, ou seja, está presente no processo da vida humana como um todo e dentro dela existe a faísca pura, a sindérese, que não pode ser corrompida pela vida social.
   d) é um juízo altamente abstrato que o ser humano faz conforme reflete, sendo uma forma pela qual a inteligência se manifesta, mas não ajuda no entendimento prático da ação.

2. Com relação às propriedades da consciência moral, é **incorreto** afirmar que ela:
   a) tem duas propriedades, sendo a luz da vida humana e constituída pelo hábito de emitir juízos.
   b) tem quatro características, sendo a primeira o fato de estar relacionada a todo ato livre, pois é ligada ao conhecimento intelectual.

c) obriga, em razão da virtude constituída pelo hábito bom, o qual é adquirido por meio da educação da consciência.

d) tem uma dignidade própria que ajuda a compreender a dignidade humana, e por isso a liberdade de consciência deve ser respeitada.

3. Associe corretamente as categorias de classificação da consciência às respectivas definições:

A) Quanto ao momento em que se emite o juízo.
B) Quanto à relação da consciência com a lei moral.
C) Quanto ao assentimento ao juízo.
D) Quanto ao modo habitual de emitir um juízo.
E) Quanto à relação com a responsabilidade.

( ) A consciência pode ser reta ou distorcida.
( ) A consciência pode ser antecedente (antes da ação), concomitante (durante a ação) e consequente (posterior à ação).
( ) A consciência pode ser delicada, escrupulosa ou laxa.
( ) A consciência pode ser verdadeira ou errônea.
( ) A consciência pode ser certa ou duvidosa.

Assinale a alternativa correspondente à sequência obtida:
a) A, B, D, E, C.
b) C, A, B, E, D.
c) B, A, E, D, C.
d) B, A, D, E, C.

4. Comente as causas dos erros na consciência moral, considerando fatores como ignorância, dúvidas e deformações em sua constituição.

5. Faça uma reflexão sobre a formação da consciência e a razão pela qual é importante que seja bem formada, por meio de uma vivência de virtudes e busca sincera da verdade.

Atividades de aprendizagem

Questões para reflexão

Leia a seguir um trecho do Catecismo da Igreja Católica.

II. A formação da consciência

1783. A consciência deve ser informada e o juízo moral esclarecido. Uma consciência bem formada é reta e verídica; formula os seus juízos segundo a razão, em conformidade com o bem verdadeiro querido pela sabedoria do Criador. A formação da consciência é indispensável aos seres humanos, submetidos a influências negativas e tentados pelo pecado a preferir o seu juízo próprio e a recusar os ensinamentos autorizados.

1784. A formação da consciência é tarefa para toda a vida. Desde os primeiros anos, a criança desperta para o conhecimento e para a prática da lei interior reconhecida pela consciência moral. Uma educação prudente ensina a virtude: preserva ou cura do medo, do egoísmo e do orgulho, dos ressentimentos da culpabilidade e dos movimentos de complacência, nascidos da fraqueza e das faltas humanas. A formação da consciência garante a liberdade e gera a paz do coração.

1785. Na formação da consciência, a palavra de Deus é a luz do nosso caminho. Devemos assimilá-la na fé e na oração, e pô-la em prática. Devemos também examinar a nossa consciência, de olhos postos na cruz do Senhor. Somos assistidos pelos dons do Espírito Santo, ajudados pelo testemunho e pelos conselhos dos outros e guiados pelo ensino autorizado da Igreja.

III. Decidir em consciência

1786. Perante a necessidade de decidir moralmente, a consciência pode emitir um juízo reto, de acordo com a razão e a lei de Deus, ou, pelo contrário, um juízo errôneo, que se afaste delas.

1787. Por vezes, o homem vê-se confrontado com situações que tornam o juízo moral menos seguro e a decisão difícil. Mas deve procurar sempre o que é justo e bom e discernir a vontade de Deus expressa na lei divina.

1788. Para isso, o homem esforça-se por interpretar os dados da experiência e os sinais dos tempos, graças à virtude da prudência, aos conselhos de pessoas sensatas e à ajuda do Espírito Santo e dos seus dons.

1789. Algumas regras aplicam-se a todos os casos:

– nunca é permitido fazer mal para que daí resulte um bem;

– a "regra de ouro" é: "Tudo quanto quiserdes que os homens vos façam, fazei-lho, de igual modo, vós também" (Mt 7,12).

– a caridade passa sempre pelo respeito do próximo e da sua consciência: "Ao pecardes assim contra os irmãos, ao ferir-lhes a consciência é contra Cristo que pecais" (1Cor 8,12). "O que é bom é não [...] [fazer] nada em que o teu irmão possa tropeçar, cair ou fraquejar" (Rm 14,21).

Fonte: Catecismo..., 1993.

Agora, responda:

1. Por que é necessário educar a consciência?
2. Pode-se decidir com a consciência reta?

6
As virtudes, o pecado e a conversão

Neste capítulo, apresentaremos as virtudes como um hábito operativo bom, que auxilia o ser humano em suas ações. Veremos também a divisão das virtudes em humanas ou adquiridas e sobrenaturais ou infusas.

Abordaremos o tema do pecado, que são ações deliberadas contrárias a Deus ou, como afirma Santo Agostinho, uma aversão a Deus. Examinaremos também a divisão dos pedados em mortais e veniais e, ainda, os pecados capitais.

Por fim, trataremos da questão da conversão, que consiste em uma mudança de direção e estrutura-se em um arrependimento que leva à mudança, a qual só é possível porque Deus toma a iniciativa.

6.1 O que são virtudes?

Para a teologia clássica, **virtude** "é um hábito operativo bom" (Tomás de Aquino, 2005a, I-II, q. 55, a. 3), considerando-se aqui que a ideia de hábito é sinônimo de repetição. Quando realizamos uma mesma ação todos os dias, ocorre a repetição do ato. Por exemplo, podemos escovar os dentes de dois modos: no primeiro, quanto mais escovamos os dentes, mais nos aprimoramos, escovamos detalhadamente e alcançamos o fim de ter dentes bons; no segundo, podemos cair na rotina e escovar os dentes de qualquer jeito, sem atentar aos detalhes. Podemos afirmar que a aquisição das virtudes ocorre do mesmo jeito.

Um **hábito operativo** é a disposição estável de uma faculdade humana, como a inteligência, a vontade e os apetites da sensibilidade, de modo que essa faculdade fica bem ou mal estruturada. Os hábitos que aperfeiçoam as faculdades humanas são as virtudes, enquanto os hábitos que as degeneram são os vícios.

Assim, podemos definir **hábito** como uma disposição, uma capacidade da natureza humana que está enraizada na natureza específica e individual e se concretiza no agir (Plé, 2005, p. 35). Um ato bom ou um vício pode ser identificado quando a pessoa mostra seu agir em uma práxis, pensa internamente e mostra o ato concreto extermamente.

A repetição das ações reforça uma disposição virtuosa ou um vício. No caso de ações virtuosas, a pessoa torna-se cada vez mais capaz de fazer atos bons, e assim sucessivamente, reforçando a virtude (Bruguès, 1994, p. 395).

As virtudes aperfeiçoam as potências operativas para que estas possam realizar as ações boas e excelentes com facilidade, prontidão, prazer e naturalidade em diversas circunstâncias (Luño; Colom, 2008, p. 230).

Aristóteles usa a expressão *justo meio* para falar de virtudes, em referência não à ideia de meia medida ou posição mediana, mas ao sentido de máximo, a perfeição que o homem alcança em suas ações com a ajuda das virtudes (Brugués, 1994, p, 395).

O Catecismo da Igreja Católica vai na mesma linha de Aristóteles, apresentando as virtudes como "uma disposição habitual e firme para fazer o bem. Permite à pessoa não só praticar atos bons, mas dar o melhor de si. Com todas as suas forças sensíveis e espirituais, a pessoa virtuosa tende ao bem, persegue-o e escolhe-o na prática" (CIC, n. 1803). A virtude aperfeiçoa a ação do homem na prática, ou seja, transforma o ser humano em seu interior para sugerir ações que o levem à prática do bem por meio de um esforço de superação de seus defeitos para ser sempre melhor.

As virtudes são repetições das ações que levam a praticar o bem e reforçam a ideia de uma disposição virtuosa que o homem possui. As virtudes tornam a pessoa capaz de cumprir atos bons e, quanto mais atos bons for capaz de fazer, mais se reforçará a virtude que se deseja adquirir (Bruguès, 1994, p. 147).

Como definimos a virtude como um ato operativo bom, ela apresenta uma qualidade própria do ser racional: a liberdade. Esta aumenta o hábito e move as ações do homem em direção à perfeição. Por exemplo, quem possui a virtude da bondade apresenta mais desenvoltura e certa facilidade para entender e ajudar as pessoas, ou, como afirma Haro (1992, p. 585, tradução nossa), "o faz quando quer e porque quer; não está constrangido a fazer, e se abstém quando o julga conveniente".

O ser humano usa sua liberdade para agir ou não em relação às virtudes. Seus hábitos operativos podem ser classificados, em relação à origem, em naturais, adquiridos e gratuitos ou infusos; e, quanto ao influxo positivo ou negativo sobre a liberdade, em hábitos bons (as virtudes) e hábitos maus (os vícios). Os hábitos maus são distintos das virtudes e ambos se inclinam a seu ato próprio, ao mal ou ao bem. As virtudes aperfeiçoam as potências operativas e os vícios as corrompem. O **pecado** é uma ação desordenada em função do mau uso da liberdade, e os **vícios** são uma desordem da pessoa, que se inclina a usar mal as próprias potências, ou seja, ocorre a corrupção de suas forças e da capacidade de lutar, o que lhe dificulta agir bem, como é o caso do preguiçoso, que é incapaz de cumprir seus deveres, ou do homem que, dominado pelo ódio, é incapaz de amar (Haro, 1992, p. 586-587).

Podemos ampliar a conceituação de virtude como um hábito operativo bom com base na definição de Santo Agostinho, para quem "a virtude é uma boa qualidade da alma, pela qual o homem vive retamente e Deus age em nós, sem nós" (Haro, 1992, p. 591, tradução nossa). Segundo Haro, essa definição mostra que a virtude constitui uma boa qualidade entre as demais que estão presentes no ser humano, como a potência, o hábito e as paixões. Além disso, faz parte da alma, a parte superior do homem, sendo o elemento espiritual que o liga a Deus. Essa qualidade somente pode encontrar as potências essenciais ou racionais, pois as virtudes tornam o agir livre perfeito.

É pelas virtudes que o ser humano pode viver retamente, de modo a evitar usá-las mal. Também é por meio das virtudes que Deus age no homem. São as **virtudes infusas**, recebidas de Deus para crescer e desenvolver-se.

Assim, as virtudes indicam uma força ou energia que orienta as potências para que, agindo-se de forma adequada, possa atingir seu fim (Haro, 1992, p. 591-592). A seguir, veremos a divisão das virtudes.

6.2 Divisão das virtudes

As virtudes são divididas conforme o modo como se apresentam na vida do homem.

As **virtudes humanas** ou **adquiridas** são aquelas com as quais ele nasce e se desenvolve ao longo da vida e de suas experiências.

Já as **virtudes infusas** ou **sobrenaturais**, os **dons do Espírito Santo** e os **carismas** são virtudes recebidas de Deus pelo batismo. Precisamos sempre pedir a Deus que nos conceda essas virtudes e estar abertos às graças de Deus para recebê-las.

6.2.1 Virtudes humanas ou adquiridas

As virtudes humanas ou adquiridas podem ser subdivididas em intelectuais e morais.

a. **Virtudes intelectuais**

As virtudes intelectuais agem na razão e a aperfeiçoam, seja no aspecto especulativo, seja no aspecto prático, sendo potência a intelectualidade humana para conhecer a ordem criada e, com as virtudes intelectuais, entender a maneira de estar e participar do mundo criado, permitindo que o homem alcance os vários fins a que se propõe em sua existência e que se una a Deus.

Constituem um hábito que aperfeiçoa a inteligência no conhecimento dos primeiros princípios para fazer o bem e evitar o mal, porque é um hábito natural conhecer, principalmente conhecer a verdade e o bem.

A **virtude da sabedoria** é um hábito que leva a conhecer a Deus como a causa primeira de todas as criaturas e estar em relação com ele. A sabedoria nos leva ao conhecimento de Deus e de nós mesmos pelo reflexo de nossa criação.

As virtudes intelectuais também nos levam à **virtude da ciência**, que aperfeiçoa o entendimento para conhecer as coisas em razão de suas causas particulares e permite apreender um conhecimento das criaturas e das ciências que as explicam.

Há também a **virtude da prudência**, que não é somente uma virtude cardeal, mas também intelectual, que aperfeiçoa a inteligência no conhecimento e na dimensão ética dos atos humanos (Haro, 1992, p. 616-620).

b. **Virtudes morais**

As virtudes morais aperfeiçoam a vontade e as tendências, sendo que o ser humano possui um desejo inato de chegar à plenitude da condição humana. Buscam a santidade, a união com Cristo, a esperança e a caridade.

A virtude moral é um hábito eletivo, um ato da vontade, e consiste na determinação da ação a cumprir tendo em vista um fim. O **hábito eletivo** é o hábito da boa escolha ou da boa escolha da ação.

Em uma ação virtuosa, ocorre não somente um ato exterior adequado à norma, mas também um modo determinado de agir que requer saber aquilo que se faz; escolher interiormente a obra enquanto tal e enquanto boa; e agir com firmeza e constância (Luño; Colom, 2008, p. 232-233).

Uma das características das virtudes morais é que elas são iguais entre si. Isso não significa que todos os homens sejam igualmente portadores das virtudes. Alguns vivem melhor as virtudes que outros, mas todos as possuem, sendo que nesse âmbito há muita diversidade e confusão e muitas pessoas confundem virtude com valor. As virtudes devem crescer e integrar-se harmonicamente, mantendo uma justa posição com os valores.

As virtudes morais apresentam também duas dimensões que aperfeiçoam o hábito da escolha: a perfeição habitual das escolhas humanas e a dimensão intencional da virtude.

A primeira dimensão é a **perfeição habitual das escolhas humanas** por meio das virtudes; só é possível se forem garantidos os princípios da escolha excelente e se forem retirados os obstáculos que a ela se oponham e requer: a) a intenção habitual de um fim reto e a remoção dos obstáculos que a tal intenção se oponham; isso exige que as tendências e a vontade estejam retamente ordenadas de modo estável; b) a capacidade habitual de individualizar a ação ou as ações por meio das quais o fim reto possa ser realizado aqui e agora e a neutralização dos elementos que são obstáculo para a individualização da escolha justa; c) a realização e a escolha da ação indicada do juízo prudente, por exemplo, um professor que é habitualmente dominado por uma deformação da tendência de ser estimado pelos alunos; a deformação habitual da intencionalidade de fundo dessa tendência é um princípio repetitivo de uma escolha errada: cada vez mais ele deve estudar a estratégia a seguir para continuar as aparências, preso às próprias convicções, obstinado pela própria opinião e pelo desejo de que sua opinião prevaleça. As virtudes podem ajudar a pessoa a ver os erros.

A segunda consiste na **dimensão intencional da virtude**. Considera-se que as virtudes morais são o pressuposto necessário da prudência. Isso significa que as tendências e a vontade não são estavelmente bem ordenadas. Seria impossível realizar aquilo que é bom e individualizar as coisas que seriam boas de se fazer em um caso concreto.

A pessoa habitualmente dominada pela sede de poder e dinheiro ou pelo desejo de prevalecer sobre os outros agirá de modo errado com grande naturalidade, sem compreender que deveria ter agido de forma diferente. Por exemplo: é possível ser um bom matemático sem ser corajoso ou sem ser sóbrio. As virtudes intelectuais podem existir sem as virtudes morais, mas não sem a prudência (Luño; Colom, 2008, p. 237-242).

Depois de apresentar a definição de virtudes morais e como agem no ser humano, mostraremos quais são, como se chamam e por que são necessárias. Como já vimos, as virtudes morais diferenciam-se das intelectuais porque proporcionam ao ser humano a prática do bem próprio de sua natureza, que é uma natureza moral e diz respeito a seu comportamento e modo de agir.

O que distingue as várias virtudes morais é o objeto que se procura alcançar pela virtude praticada, havendo também um número de virtudes que se multiplicam segundo as distintas classes do agir bom, necessárias aos homens, que integram a busca pela perfeição (Haro, 1992, p. 621).

Entre as virtudes morais, encontram-se as **virtudes cardeais**. O termo *cardeal* procede do latim *cardos* e significa "gonzo", remetendo à dobradiça que vemos nas portas e que dá sustentação para que elas não caiam e possam se movimentar, abrir e fechar. As virtudes cardeais estão relacionadas à sustentação e articulam nosso agir para alcançarmos a perfeição. Delas surgem outras virtudes que também nos ajudam a buscar a perfeição em Deus.

As virtudes cardeais são a prudência, a justiça, a fortaleza e a temperança, nessa ordem:

- **Prudência**: é considerada a primeira das virtudes, sendo também uma virtude intelectual, como já vimos, que qualifica a atividade da razão que analisa e da vontade que decide. É a sabedoria com a qual o ser humano age e decide, possui o verdadeiro bem humano, o bem da razão, isto é, a verdade (Pieper, 1960, p. 165).

- **Justiça**: conhecida como a mais alta e nobre das virtudes, tem a função de regular as relações com os outros e dar a cada um o que lhe é devido.
- **Fortaleza**: controla a agressividade e reforça a vontade diante dos obstáculos. Está em terceiro lugar na ordem das virtudes cardeais porque, como afirma Pieper (1960, p. 180),

    A prudência e a justiça precedem a fortaleza. Isso significa pura e simplesmente que sem prudência e sem justiça não pode haver fortaleza; só quem é prudente e justo pode ser forte. É, portanto, impossível falar da essência da fortaleza sem ter em mente a sua relação com a prudência e com a justiça. Em primeiro lugar, só o prudente pode ser forte. Fortaleza sem prudência não é fortaleza.

- **Temperança**: modera o imenso âmbito da afetividade. É a justa medida e o equilíbrio diante de um objeto que nos causa prazer (Bruguès, 1994, p. 395).

Em decorrência das virtudes cardeais, existem outras virtudes ligadas à dimensão de bondade do agir humano, como generosidade, alegria, humildade, simplicidade, paciência, laboriosidade e piedade. Não constitui nossa intenção apresentá-las, mas incentivá-lo a pesquisar sobre cada uma delas.

6.2.1.1 Formação e progresso nas virtudes humanas

Quando vemos uma pessoa que pratica um ato virtuoso, ajuda um necessitado ou mantém a paciência diante de uma contradição, ficamos admirados com tal reação ou comportamento. Essa reação ou ação, porém, não é obra de um momento, mas dura a vida inteira e envolve querer buscar um progresso, um desenvolvimento nas práticas de relacionamento com as pessoas e crescer no amor a Deus.

As virtudes são vividas em um progresso da vida humana, na existência que nos foi concedida. Mostram toda a energia do espírito e afetam tanto o conhecimento como o amor, que sustenta a liberdade e nos inclina a fazer o bem.

Para um pleno desenvolvimento das virtudes, o modelo se dá no seguimento e na imitação de Cristo, em contemplar sua humanidade, viver e imitar tudo o que ele nos transmitiu pelos Evangelhos, suas reações e seu modo de aconselhar as pessoas. Esse modelo nos ajudará a adquirir as mesmas virtudes de Cristo para agirmos sempre bem.

Adquirir as virtudes humanas exige de nós exercícios de atos concretos de virtude, sem os quais não se cresce no amor ao bem e, por isso, devemos aprender desde cedo a ter uma vida de virtudes. É como uma pessoa que começa a fazer academia para emagrecer. Se ela não for disciplinada, ir no horário marcado e não fizer uma dieta, não vai emagrecer.

No caso das virtudes, acontece algo parecido. A aquisição das virtudes não está separada da luta ascética pessoal e das diversas provas da vida, ou seja, de uma vida espiritual ativa, na qual se coopera com a obra do Espírito Santo, que nos inspira a praticar obras em uma realidade externa e objetiva.

Por fim, para ser educado nas virtudes e procurar adquiri-las, é preciso, por parte do cristão, um empenho pessoal de buscar a aquisição da virtude de que está mais necessitado, pedindo conselhos a pessoas mais experientes, ter o conhecimento das obras virtuosas, a disciplina de cumprir as exigências das virtudes e frequentar ambientes que facilitem a prática das virtudes (Haro, 1992, p. 647-652).

6.2.2 Virtudes sobrenaturais ou infusas

As virtudes sobrenaturais ou infusas, também chamadas *virtudes teologais*, referem-se à participação do ser humano na vida de Deus. Como dizem respeito a Deus, são sobrenaturais e não implicam a necessidade de o homem se esforçar para adquiri-las, como nas virtudes humanas, que dependem do homem. As virtudes sobrenaturais são concedidas por Deus, que as infunde em nós no dia de nosso batismo como um dom gratuito e nos adorna de graças especiais para podermos chegar a ele. É o que nos apresenta o Catecismo da Igreja Católica quando trata das virtudes teologais:

> As virtudes teologais fundamentam, animam e caracterizam o agir moral do cristão. Informam e vivificam todas as virtudes morais. São infundidas por Deus na alma dos fiéis para serem capazes de agir como seus filhos e merecer a vida eterna. São o penhor da presença e da ação do Espírito Santo nas faculdades do ser humano. (CIC, n. 1813)

Para Häring, as virtudes teologais são o fundamento da moralidade cristã, que o fiel iluminado pela fé recebe:

> São a expressão da graça santificante. Ou, em outros termos, a moralidade depende da natureza divina, que nos é dada por participação. A Trindade Santíssima concede-nos a sua natureza para que tenhamos parte na sua vida. Ela não quer divinizar somente a base de nossa vida, mas todas as nossas faculdades e, por meio delas, todo o nosso agir. (Häring, 1960, p. 698)

As virtudes sobrenaturais são um dom gratuito de Deus para o homem, um convite que Deus lhe faz para entrar em diálogo com as pessoas divinas, mostrando o fim das virtudes teologais, que não é equipar o homem para desempenhar bem suas tarefas na Terra, e sim estabelecer um diálogo entre ele e Deus, chegando à perfeição na eterna bem-aventurança (Häring, 1960, p. 698). Essas virtudes dão ao homem a capacidade radical de fazer uma escolha válida em direção ao progresso da vida cristã e à vida eterna, mas não dão a facilidade característica do hábito adquirido.

Os princípios fundamentais imediatos da vida sobrenatural que o Espírito Santo infunde no homem são as virtudes teologais ou divinas, isto é, a fé, a esperança e a caridade. Essas três virtudes divinas informam as virtudes morais, adequando-as às exigências da vida de Cristo (Luño; Colom, 2008, p. 252-253).

As virtudes teologais nos são dadas com a graça santificante que se infunde no ser humano e pela qual ele se une a Deus em sua vida íntima. São elas:

- **Fé**: é a virtude que nos leva a crer em Deus e nas verdades que ele revelou. Leva-nos a ver Cristo como nosso salvador e nos introduz na família trinitária, no mundo de Deus, permitindo-nos conhecer a realidade que supera a razão humana. A fé não é saber o que é, nem mesmo saber seu significado, mas um vislumbramento por meio do qual, por não se saber o que é, se confia porque vem de Deus. É uma luz especial para aceitar a existência de Deus e compreender o conteúdo que se apresenta. Os objetivos da fé são guardá-la, ou seja, preservar a fé que foi recebida no batismo; aumentá-la mediante a oração e a recepção dos sacramentos; defendê-la, principalmente contra os erros que se apresentam contra ela; proclamar e propagar a mensagem cristã aos que a desconhecem (Fernández, 2004, p. 205-206).
- **Esperança**: segundo Häring (1960, p. 700), "a esperança faz-nos ver em Cristo o caminho que nos leva à bem-aventurança". A virtude da esperança nos leva a uma aspiração à salvação eterna e à confiança em Deus, no caminho que conduz a ela. Responde ao desejo inato, que Deus colocou em nós, de buscarmos a felicidade eterna (Fernández, 2004, p. 206).

- **Caridade:** diz respeito ao amor a Deus, a amá-lo sobre todas as coisas, como diz o primeiro mandamento do decálogo. Deus, ao nos criar, nos fez por amor e colocou todo o seu amor em nós, dotando-nos desse amor, com o qual nós também o amamos. É com esse mesmo amor com que amamos a Deus que nós expandimos esse amor amando ao próximo, como retribuição por Deus ter nos amado tanto. Para Fernández (2004, p. 208), "o amor a Deus e o amor ao próximo têm a mesma fonte [...]. O primeiro é o amor a Deus, que é, ao mesmo tempo, a fonte e a raiz do amor ao próximo". O amor ao próximo é o sinal de que o amor a Deus se mostra verdadeiro e não pode ser falso.

6.2.3 Dons do Espírito Santo

Os dons do Espírito Santo são hábitos sobrenaturais ligados à graça santificante e, por meio deles, recebemos as inspirações do Espírito Santo. Por isso, a missão dos dons do Espírito Santo é aperfeiçoar o dinamismo da vida sobrenatural proporcionada pelas virtudes infusas.

Vejamos quais são os sete dons do Espírito Santo:

- **Dom do entendimento:** é uma luz sobrenatural que faz o ser humano aprender os mistérios divinos.
- **Dom da ciência:** leva o ser humano a entender e valorizar as coisas criadas como obra de Deus e tem relação com o fim sobrenatural para o qual o homem foi convidado a participar.
- **Dom da sabedoria:** torna a inteligência humana dócil para julgar as coisas sob as inspirações do Espírito Santo, segundo as exigências do amor de Deus.
- **Dom do temor:** são as ações que, sob a ação do Espírito Santo, nos levam a reverenciar a Deus por ser Ele quem é, não por medo de ser

castigado. Por sermos filhos, temos o temor de não querer ofendê-lo e obedecê-lo em suas indicações.

- **Dom da piedade**: leva-nos, sob a inspiração do Espírito Santo, a cumprir o dever de justiça que se deve ter para com Deus, quando rezamos e participamos de atos que o exaltam como nosso pai e criador.
- **Dom do conselho**: leva-nos a ser gratos a Deus, que nos aconselha e permite que aconselhemos os outros, ajudando-os a sair de suas dificuldades.
- **Dom da fortaleza**: confere-nos uma firmeza na fé e uma constância na luta para vencer os obstáculos da vida (Haro, 1992, p. 674-677).

6.2.4 Carismas

A palavra *carisma* vem do grego e significa "favores", "dom gratuito" e "benefícios". Na linguagem moderna, carismas são vários dons que o Espírito Santo distribui e que nem todas as pessoas recebem, como diz São Paulo (1Cor 12,28-30). Não é necessário ter todos os carismas para desenvolver a santidade. O que São Paulo provavelmente via nas comunidades é que muitas pessoas não tinham certas disposições para desenvolver determinados serviços. Consideramos, então, que o Espírito Santo atribui os carismas de acordo com o temperamento e o caráter de cada pessoa (Luño; Colom, 2008, p. 256-257).

6.2.5 Relação entre virtudes humanas e infusas

A relação entre as virtudes humanas e as virtudes infusas depende da mútua colaboração entre natureza e graça. Existe uma distinção entre o agir moral natural e o sobrenatural. Na vida cristã, há um influxo recíproco entre virtudes humanas e virtudes infusas, que são empregadas no empenho concreto pela santidade.

Depois do pecado, a pessoa não pode perseverar no bem moral natural, considerado em sua completude, sem a ajuda sobrenatural. Como consequência, as virtudes naturais só podem chegar à perfeição com a ajuda da graça (CIC, n. 1810).

A virtude sobrenatural infusa facilita a obtenção da correspondente virtude humana, pois o Espírito Santo move e conduz a pessoa em graça no seu ser global. Assim, quando coloca em prática as virtudes nele infusas, desenvolve também os elementos da correlativa virtude natural.

O dinamismo completo do agir concreto pela santidade exige a presença de ambos os tipos de virtude: as adquiridas e as infusas. A virtude humana nunca será plena sem a ajuda sobrenatural. Do mesmo modo, a virtude infusa, sem a relação da correspondente virtude humana, sentiria a falta da autêntica perfeição: a graça pressupõe a natureza e, embora a divinização seja operada por Deus, o homem deve cooperar. As virtudes humanas, em certo sentido, apoiam e estimulam o exercício das infusas (Luño; Colom, 2008, p. 258-259).

6.2.6 O crescimento das virtudes infusas

O crescimento das virtudes infusas, bem como sua aquisição, depende mais da graça de Deus que do agir humano. No entanto, os atos de uma virtude sobrenatural não asseguram a virtude adquirida. Por isso, o homem deve dispor-se pessoalmente a tal desenvolvimento, respondendo com generosidade aos dons já outorgados pelo Senhor, porque as obras boas da pessoa em graça merecem o crescimento da graça e das virtudes (Luño; Colom, 2008, p. 259).

6.3 O pecado

Para pensarmos sobre o pecado, não podemos fugir da ideia de que nossa natureza, por ser criada livre, é um campo propício para fazer não só o bem, mas também o mal, por causa do mau uso da liberdade já produzido pelo pecado de nossos primeiros pais, Adão e Eva. Esse pecado manchou a natureza humana com os vícios e a maldade e deu origem à **concupiscência**, que também pode ser chamada de *desejos dos sentidos* e inclina-se para o bem ou para o mal, podendo provocar desvios de conduta (Brugùes, 1994, p. 97).

A seguir, vamos definir o pecado com base na Sagrada Escritura, no Antigo e no Novo Testamento e tendo como referência o pensamento de alguns padres e o magistério da Igreja. Veremos também a divisão dos pecados, a cooperação com o mal, a perda do sentido do pecado e, por fim, a conversão.

6.3.1 Definição de pecado

O pecado é um mal moral que afeta a consciência e atinge a realidade do homem em relação a Deus. No Antigo Testamento, o pecado é tido como uma ofensa a Deus e uma falta contra a aliança do povo com Deus (Os 2,4-23; Jr 2,2-23; Is 30,1-17).

No Novo Testamento, o pecado é apresentado como uma dívida diante de Deus (Lc 15,18.21). O texto mostra que todos os homens são pecadores (Mt 7,5; Mc 14,24); condena os pecados internos e de omissão (Mt 5,17-18; Mc 11,12-14; 20-21). Em João, o pecado é uma oposição ao "Deus é amor", é o não cumprimento dos mandamentos (Jo 15,10-14; 1Jo 3,4; 2,3-6; 3,22-24); e pecado e morte se contrapõem como morte e vida (Jo 5,24; 1Jo 3,14). Em São Paulo, a origem do pecado situa-se em Adão (Rm 5,12). Faz-se um catálogo dos pecados (Gl 5,19-23; Ef 4,31-32) e fala-se das diversas gravidades do pecado (1Cor 8,11; Rm 14,23) (Fernández, 2004, p. 1027-1029).

Em Santo Agostinho, pecado é "um ato, uma palavra ou um desejo contrários à Lei eterna" (CIC, n. 1849). O autor destaca dois aspectos da ação pecaminosa. O primeiro é que o pecado é um ato humano, isto é, um ato livre e realizado, portanto, com suficiente advertência e consenso: tudo o que diminui a liberdade diminui também a razão do pecado. O segundo aspecto consiste no fato de que o pecado é um ato humano contrário à lei de Deus (1Jo 3,4). Em termos gerais, é possível afirmar que é pecado qualquer ato humano oposto à regra moral, à reta razão ou a uma lei humana, civil ou eclesiástica.

Deus, em seu eterno desígnio salvífico, quer a santidade dos homens, que deve ser conseguida por meio da prática das virtudes teologais e morais. Assim, o pecado pode ser definido como um ato contrário às virtudes éticas (naturais e sobrenaturais) que rompe a comunhão do homem com Deus em Cristo e, consequentemente, o impede de chegar à plenitude definitiva da filiação divina (Luño; Colom, 2008, p. 380-381).

Em Santo Agostinho, encontramos outra definição de pecado que resume a condição na qual o homem se encontra com o pecado: "aversão a Deus e conversão às criaturas". Essa definição apresenta um objeto formal (a aversão a Deus) e um objeto material (a conversão às criaturas).

Aversão quer dizer "separação". Não se peca por querer se opor ao bem, mas por desejo de um bem finito não ordenado segundo a regra das virtudes. O pecador quer o bem limitado que uma criatura pode oferecer e, por possuí-lo, distancia-se de Deus, que é o bem infinito e o verdadeiro e definitivo bem.

Acontece também que a pessoa deixa-se seduzir por um bem limitado que é contrário ao seu bem integral e, portanto, ao querer divino e, para tê-lo, não se importa de opor-se à regra ou à norma moral (Luño; Colom, 2008, p. 381-382).

Em São Tomás de Aquino, o pecado é apresentado associado aos vícios e segue a linha de Santo Agostinho, como contrariedade à lei eterna. Para São Tomás de Aquino, o pecado "não contraria a virtude em si mesma, mas em seu ato. E é por isso que o pecado não pode existir ao mesmo tempo com o ato virtuoso. Mas ele pode coexistir com o hábito" (Tomás de Aquino, 2005a, I-II, q. 71, 1º).

Santo Alfonso também parte da definição de Santo Agostinho e conceitua o pecado como uma transgressão de todas as leis, contrária à divina sabedoria. Não é um ato efetivo para com Deus, mas afetivo, e por isso uma verdadeira injúria contra Deus (Ligório, 1936, p. 85).

No Concílio Vaticano II, mais precisamente na constituição pastoral *Gaudium et Spes*, o pecado mostra como o homem se encontra:

> O homem encontra-se, pois, dividido em si mesmo. E assim, toda a vida humana, quer singular, quer coletiva, apresenta-se como

uma luta dramática entre o bem e o mal, entre a luz e as trevas. Mais: o homem descobre-se incapaz de repelir por si mesmo as arremetidas do inimigo: cada um sente-se como que preso com cadeias. Mas o Senhor em pessoa veio para libertar e fortalecer o homem, renovando-o interiormente e lançando fora o príncipe deste mundo (cf. Jo 12,31), que o mantinha na servidão do pecado. Porque o pecado diminui o homem, impedindo-o de atingir a sua plena realização. (GS, n. 13)

O Catecismo da Igreja Católica define o pecado como "uma falta contra a razão, a verdade, a consciência reta. É uma falha contra o verdadeiro amor para com Deus e para com o próximo, por causa de um apego perverso a certos bens" (CIC, n. 1849). Para o Catecismo, o pecado também é uma ofensa a Deus, "contrário ao amor que Deus nos tem e afasta d'Ele os nossos corações" (CIC, n. 1850).

Na carta encíclica *Veritatis Splendor*, o pecado é apresentado na perspectiva da misericórdia de Deus, que vê a condição em que o homem se encontra para resgatá-lo:

Neste contexto, abre-se o justo espaço à **misericórdia de Deus** pelo pecado do homem que se converte, e à **compreensão pela fraqueza humana**. Esta compreensão não significa nunca comprometer e falsificar a medida do bem e do mal para adaptá-la às circunstâncias. Se é humano que a pessoa, tendo pecado, reconheça a sua fraqueza e peça misericórdia pela própria culpa, é inaceitável, pelo contrário, o comportamento de quem faz da própria fraqueza o critério da verdade do bem, de modo a poder-se sentir justificado por si só, mesmo sem necessidade de recorrer a Deus e à Sua misericórdia. Semelhante atitude corrompe a moralidade da sociedade inteira, porque ensina a duvidar da objetividade da lei moral em geral e a rejeitar o carácter absoluto das proibições morais acerca de determinados atos humanos, acabando por confundir todos os juízos de valor. (VS, n. 104, grifo do original)

A carta encíclica nos alerta para o sentido do pecado, pois podemos nos acostumar e achar que os atos maus que cometemos são normais.

Na visão teológica moderna e contemporânea, o pecado encontra-se no duvidar de Deus, em não reconhecê-lo como Senhor e bem absoluto. Assim, a base de todo o pecado se descobre no amor próprio e na desconfiança em Deus, por meio dos quais o homem procura a própria satisfação no uso desordenado dos bens terrenos (Luño; Colom, 2008, p. 383).

O pecado é sempre um distanciar-se de Deus e uma ofensa direta a ele, por ser Ele quem é, nos ter dado a vida, nos chamar ao seu convívio, enviar o Espírito Santo e nos redimir pelas ações de seu filho.

Para Häring (1960, p. 431-436), o pecado é uma tríplice negação: a) a perda de Deus e da salvação; b) uma oposição à vontade de Deus; e c) uma injustiça suprema e dívida para com Deus.

Para o Conselho Episcopal Latino-Americano (Celam), o pecado é considerado sob o ponto de vista da culpabilidade, "que pertence ao âmbito racional e afetivo, mostrando um relacionamento de mau-estar em confronto com a própria responsabilidade em razão de um comportamento (interior e exterior) que não é consequente com os ideais assumidos ou as normas vigentes" (Mifsud, 1996, p. 329).

Considerando todas as posições vistas, podemos afirmar que o pecado é um ato deliberado do homem quando usa mal sua liberdade para fazer um ato contrário a Deus, despreza as luzes do Espírito Santo, distanciando-se de Deus, seu criador, e converte-se a tudo o que faz uma criatura sem Deus, um escravo.

6.4 Divisão dos pecados

Partimos da divisão clássica do pecado em **pecado mortal** e **pecado venial**. Essas duas terminologias estão indicadas pela Sagrada Escritura, pela tradição da Igreja, pelos teólogos católicos e pela razão humana (1Jo 5,16-17).

A razão do pecado encontra-se plenamente no pecado mortal e, em modo imperfeito, no venial. O pecado mortal é em tudo incompatível com a graça e a caridade e, portanto, implica a separação de Deus. O pecado venial não é incompatível com a caridade, mas a debilita. O pecado mortal faz perder a vida divina na alma, e o venial somente esfria e torna difícil o exercício das virtudes infusas. Como consequência, somente o pecado mortal desvia o ingresso no Reino dos Céus (Luño; Colom, 2008, p. 386-388).

No pecado mortal, o objeto almejado pela ação maléfica é diretamente incompatível com o verdadeiro fim último do homem. Desse modo, não é possível ter o objeto desejado sem distorcer o querer do verdadeiro bem, que é Deus. É incompatível, por exemplo, realizar uma ação que em sua raiz é intrinsecamente má com o propósito de alcançar uma finalidade boa (Bruguès, 1994, p. 279-280).

No pecado venial, a ação humana, sendo maléfica, não distorce o dever do fim último, sendo que tal ato não implica uma aversão a Deus e não contém matéria grave (Bruguès, 1994, p. 380).

Assim, podemos definir o pecado mortal como o ato pelo qual um homem, com liberdade e consciente, rejeita Deus, sua lei e a aliança de amor que Deus propõe, preferindo voltar a si mesmo, a qualquer realidade criada e finita, a qualquer coisa de contrário ao querer divino. Já o pecado venial pode ser definido como aquele que, com o hábito, deixa o homem mais frio em relação às coisas de Deus, mas não se perde totalmente a amizade com Ele (Luño; Colom, 2008, p. 386-388).

6.4.1 Condições para que haja o pecado mortal

Um pecado, para ser mortal, requer três condições: matéria grave, advertência plena e perfeito consentimento, que devem acontecer simultaneamente.

A matéria de uma ação pecaminosa é grave quando o ato moral é por si incompatível com a caridade e advém de qualquer ato oposto de uma exigência essencial de uma virtude moral ou teologal.

Pela gravidade de sua matéria, os pecados podem ser mortais em todo o seu gênero. São aqueles opostos à exigência essencial de uma virtude, não sendo sequer divisíveis. Por isso, quando se realizam, a pessoa sempre o faz como um todo único, por exemplo, a honra de Deus e a vida humana. Nesse sentido, a blasfêmia, o ódio contra Deus e o tirar a vida de um inocente constituem uma matéria do todo, em gênero grave.

A matéria de gênero grave é importante, mas divisível e, portanto, envolve pequenas matérias, como o furto e a injúria.

A matéria de gênero leve comporta uma modesta entidade, como no caso de uma mentira piedosa não danosa (Luño; Colom, 2008, p. 388-390).

6.4.2 Pecados internos e externos

Os **pecados externos** são aqueles cometidos com uma ação que pode ser observada do externo, como furto e adultério.

Os **pecados internos** atuam no interior do homem – no pensamento, na vontade ou nos sentidos internos, como a fantasia – sem se exprimirem nas ações externas.

A existência dos pecados internos é indicada por Jesus em Mt 5,28. De fato, o ato moral é propriamente o ato interno da vontade, por isso os atos puramente interiores podem ser pecados e também pecados graves.

Os pecados internos podem ser assim classificados:

- **Pensamento consentido**: envolve pensar ou imaginar determinado ato imoral em sua formalidade de malícia. Os maus pensamentos, o orgulho, a vaidade, a impureza e a possessão de riqueza envenenam moralmente o homem, pervertendo-o sempre em medida crescente.
- **Desejo**: não se trata tanto da decisão de cumprir uma ação, mas sobretudo de um desejo interior e genérico com o qual a pessoa se congratula. Um exemplo de desejo mau é o da pessoa que tem fome de riqueza, sede de poder, distancia-se de Deus e do próximo e ingressa no perigoso declive do mal.
- **Satisfação pelo ato cumprido**: significa alegrar-se por qualquer coisa realizada no passado sem assumir necessariamente a decisão de repeti-lo (Luño; Colom, 2008, p. 393-394).

6.4.3 O pecado social e a responsabilidade coletiva

A revelação ensina a existência de um "pecado do mundo" e de certa responsabilidade social dos pecados (CIC, n. 408). Pode-se falar do pecado social em um tríplice sentido: cada pecado, também o mais oculto, resguarda toda a sociedade; existem pecados que golpeiam mais diretamente a vida social; e há situações coletivas que levam ao pecado.

Em um sentido rigoroso, a responsabilidade moral reconduz sempre à responsabilidade individual de um ou mais sujeitos (Luño; Colom, 2008, p. 394-397).

6.4.4 Outras divisões dos pecados

Ainda podemos estabelecer, entre outras, as seguintes classificações dos pecados:

- **Original e atual**: o pecado original é aquele cometido pelos primeiros pais e transmitidos por herança a todos os seres humanos. É uma desordem interna em todas as pessoas no instante da concepção. O pecado atual é aquele cometido pelo sujeito e pelo qual ele é plenamente responsável; não se trata de um pecado novo.
- **Formal e material**: o pecado formal é a vontade e, portanto, culpável, uma transgressão da lei divina. O pecado material é um ato objetivamente desordenado no qual falta a voluntariedade por ignorância invencível, violência externa ou falta do uso da razão. O pecado material não rende o sujeito culpado, mas, como ato desordenado, produz um dano objetivo.

- **Ato pecaminoso e estado de pecado**: o ato pecaminoso é um ato da vontade que se escolhe contra o bem humano e a lei moral. Esse ato procura na pessoa um estado que é a desordem deixada no pecador como ofensa de culpa e de pena e, no pecado mortal, a privação da graça.
- **De ignorância, fragilidade e malícia**: ocorre pelo fator interno que induz a pecar. A ignorância e a fragilidade diminuem a vontade, e o pecado de malícia nasce da má vontade.
- **Carnal ou espiritual**: tende desordenadamente a um bem sensível (a luxúria) ou espiritual (a soberba). Os pecados espirituais são mais graves e os carnais são mais atraentes de modo imediato.
- **De comissão e de omissão**: cada pecado comporta a realização de um ato desordenado. Se isso se traduz em uma ação, trata-se de pecado de comissão. Se, ao contrário, o ato voluntário se traduz na omissão de qualquer coisa, trata-se do pecado de omissão.
- **Específico ou numérico**: são especificamente distintos os pecados cometidos contra as virtudes e preceitos diversos. Por exemplo, o homicídio é um pecado especificamente diferente do furto. A distinção numérica indica a quantidade dos pecados de certo tipo que são cometidos (Luño; Colom, 2008, p. 397-398).

O conceito de pecado como mal moral implica a procedência de uma causa livre. No homem, é possível distinguir uma causa remota e uma causa próxima do pecado. A **causa remota** é o defeito natural do homem e a concupiscência subsequente ao pecado, enquanto a **causa próxima** é a malícia da vontade.

6.4.5 Os pecados e os vícios capitais

São chamados **vícios** os hábitos operativos moralmente maus e, portanto, opostos às virtudes. Os vícios desenvolvem-se sobre um plano intelectual, afetivo e dispondo um papel análogo, um sentido oposto ao desenvolvimento das virtudes.

Os vícios consolidam o modo errado de sentir, de julgar e de apreciar as coisas e as pessoas, dando origem a escolhas moralmente malvadas. São qualidades livremente adquiridas que têm em si mesmas um valor moral negativo e constituem um forte obstáculo para o homem realizar uma conduta congruente com o seguimento de Cristo.

São Gregório Magno elenca sete pecados como **vícios capitais**, denominação que vêm de *caput*, a cabeça como parte diretiva de todo o corpo. São hábitos que, por suas características, são fonte e princípio de outros pecados:

1. vanglória ou amor desordenado da própria excelência;
2. avareza ou amor desordenado pelos bens exteriores;
3. luxúria;
4. gula, que deriva de um amor desordenado e de um prazer sensível;
5. preguiça, que é a fuga do esforço necessário para obter o bem moral ou espiritual;
6. inveja, que é a tristeza pelo bem do outro considerado como mal próprio ou também o desejo e alegria pelo mal do outro;
7. ira ou intolerância diante da contrariedade (CIC, n. 1866).

Os pecados capitais também estão ligados aos nossos cinco sentidos quando estes se encontram de uma forma desregulada, como a vista, ao olharmos coisas que nos levam à luxúria, e o paladar, que, quando desregulado, nos leva a desejar comer somente comida requintada.

A **tentação** é a instigação ao mal moral maquiado de bem para enganar a vontade. Pode ser classificada em tentação do mundo, quando o ser humano é pervertido pelo pecado, e tentação do demônio e da carne, que leva ao pecado da concupiscência.

Ocasiões de pecado são as circunstâncias exteriores que se apresentam mais ou menos voluntariamente e supõem uma tentação ao pecado. A ocasião pode ser:

- próxima, quando o perigo é sério, ou remota, quando o perigo é leve;
- absoluta, quando uma pessoa normal sente esse perigo, ou relativa, quando é perigosa para algumas pessoas;
- contínua ou descontínua;
- livre, quando se coloca em ocasião dependente da vontade;
- necessária;
- grave ou leve.

Entre os efeitos do pecado, podemos mencionar a exclusão da amizade divina e a aversão a Deus. O pecado grave priva a habitação da Santíssima Trindade na alma em graça.

6.4.6 A cooperação com o mal

A cooperação com o mal é a realização de um ato que ajuda o próximo a cumprir uma ação imoral na qual este último se torna o autor principal. Pode ser feita diretamente ou por livre-iniciativa, sendo uma cooperação formal com o mal.

A cooperação material com o mal pode ser:

- **Material imediata ou direta**: ocorre quando se ajuda outra pessoa a realizar a ação maldosa. Por exemplo: ajudar um ladrão a roubar mesmo se não se aprova o furto.
- **Material mediata ou indireta**: ocorre quando se coloca à disposição um instrumento que o outro empregará para fazer o mal. Por

exemplo: vender um vinho a uma pessoa que o utilizará para se alcoolizar.
- **Próxima ou remota**: ocorre dependendo da disposição física ou moral entre a ação de quem coopera e a do autor principal. Por exemplo: o diretor de um banco que concede um empréstimo a uma revista que fomenta comportamentos imorais coopera de um modo próximo, e quem deposita seu dinheiro nesse banco coopera remotamente.

A cooperação formal com o mal é sempre ilícita. A cooperação material com o mal, em termos gerais, também é moralmente ilícita, porque o bem da pessoa humana, considerada na dimensão social, não só requer que alguém aja segundo a reta razão, mas que o faça ajudando e contribuindo na medida da própria possibilidade (Luño; Colom, 2008, p. 406-409).

6.4.7 Causas da crise do pecado em nosso tempo

Entre as principais causas da crise do pecado na atualidade, podemos mencionar:

- **Relativismo cultural e ético**: alguns setores da psicologia atual pretendem negar a realidade do pecado com o fim de não traumatizar a consciência dos indivíduos. Propõem uma moral sem pecado para libertar o ser humano do sentido de culpa.
- **Confusão entre moralidade e legalidade**: uma sociedade regulada por tantas leis tende a ter como bom aquilo que é permitido pela lei e como mau aquilo que é proibido.
- **Secularismo**: é evidente que uma concepção religiosa da existência facilita a valorização do pecado, ao passo que a perda do sentido

religioso conduz a negá-lo. O pecado é reduzido ao que é considerado delito.

- **Perda do sentido do pecado**: a exortação apostólica *Reconciliatio et Paenitentia* assim se refere à perda do sentido do pecado:

> Este sentido tem a sua raiz na consciência moral do homem e é como que o seu termômetro. Anda ligado ao **sentido de Deus**, uma vez que deriva da consciência da relação que o homem tem com o mesmo Deus, como seu Criador, Senhor e Pai. E assim como não se pode apagar completamente o sentido de Deus nem extinguir a consciência, também não se dissipa nunca inteiramente o sentido do pecado.
>
> [...]
>
> Por que esse fenômeno em nosso tempo? Uma vista de olhos de alguns componentes da cultura contemporânea pode ajudar-nos a compreender a atenuação progressiva do sentido do pecado, exatamente por causa da crise da consciência e do sentido de Deus, acima realçada.
>
> O "secularismo", que, pela sua própria natureza e definição, é um movimento de ideias e de costumes, o qual propugna um humanismo que abstrai de Deus totalmente, concentrado só no culto do empreender e do produzir e arrastado pela embriaguez do consumo e do prazer, sem preocupações com o perigo de "perder a própria alma", não pode deixar de minar o sentido do pecado. Reduzir-se-á este último, quando muito, àquilo que ofende o homem. [...] Por isso, é a realidade de Deus, que desvenda e ilumina o mistério do homem. É inútil, pois, esperar que ganhe consistência um sentido do pecado, no que respeita ao homem e aos valores humanos, quando falta o sentido da ofensa cometida contra Deus, isto é, o verdadeiro sentido do pecado.
>
> Desvanece-se este sentido do pecado na sociedade contemporânea também pelos equívocos em que se cai ao apreender certos

resultados das ciências humanas. Com base nalgumas afirmações da psicologia, a preocupação de não tachar alguém como culpado nem pôr freio à liberdade leva a nunca reconhecer uma falta. Por indevida extrapolação dos critérios da ciência sociológica, acaba-se – como já aludi – por descarregar sobre a sociedade todas as culpas, de que o indivíduo é declarado inocente. E uma certa antropologia cultural, por seu lado, à força de aumentar os condicionamentos e influxos ambientais e históricos, aliás inegáveis, que agem sobre o homem, limita-lhe tanto a responsabilidade que não lhe reconhece já a capacidade de fazer verdadeiros actos humanos e, por consequência, a possibilidade de pecar.

O sentido do pecado decai facilmente, ainda, sob a influência de uma ética que deriva dum certo relativismo historicista. Pode tratar-se da ética que relativiza a norma moral, negando o seu valor absoluto e incondicionado e negando, por consequência, que possam existir atos intrinsecamente ilícitos, independentemente das circunstâncias em que são realizados pelo sujeito. [...]

Esvai-se, por fim, o sentido do pecado quando – como pode acontecer no ensino aos jovens, nas comunicações de massa e na própria educação famíliar – esse sentido do pecado é erroneamente identificado com o sentimento morboso da culpa ou com a simples transgressão das normas e preceitos legais.

A perda do sentido do pecado, portanto, é uma forma ou um fruto da **negação de Deus**: não só da negação ateísta, mas também da negação secularista. Se o pecado é a interrupção da relação filial com Deus para levar a própria existência fora da obediência a ele devida, então pecar não é só negar Deus; pecar é também viver como se ele não existisse, bani-lo do próprio cotidiano [...].
(RP, n. 18, grifo do original)

6.5 Conversão dos pecadores

Muitas pessoas, depois de comer muito em um almoço de domingo, provavelmente já pararam para pensar: preciso fazer um regime. Assim ocorre conosco quando cometemos o mesmo pecado com frequência. Mesmo confessando, pensamos, depois de cometer o mesmo pecado, que precisamos nos converter.

Por *conversão* entendemos uma mudança de direção por meio da qual a pessoa se deixa guiar para outro destino. Muitas vezes, mesmo professando sua fé, o indivíduo deixa a desejar em seu comprometimento e se torna distante de Deus. A conversão é o curso normal da vida junto a Deus, que toma a iniciativa da conversão, fazendo com que o homem sinta sua misericórdia e sua graça (Bruguès, 1994, p. 101).

A natureza da conversão acontece com a renúncia ao pecado e envolve deixar de viver longe de Deus, sair do estado de perdição e vencer a comodidade de fazer apenas o que se deseja. No entanto, é difícil sair desse estado de perda da salvação e superar o sentimento de inimizade contra Deus. Häring (1960, p. 491) acrescenta que "não somente se agiu contra Deus, mas passou-se a estar e a viver longe de Deus. E o pior não é o ato passageiro, mas sua raiz envenenada, o fundo mau que se origina [...], cada novo pecado".

A conversão também acontece quando o ser humano passa a viver na lei divina e deixa de viver na mentira e na injustiça que comete contra Deus. É justamente isso o que o pecado faz: leva a viver uma vida de mentiras e enganações. Mas a conversão acontece também com o auxílio da graça que Deus infundiu no homem no dia do batismo e ele deve corresponder a ela em toda a sua vida (Häring, 1960, p. 490-508).

Os aspectos da natureza da conversão ficam claros no Novo Testamento na passagem em que Jesus convida os pecadores à conversão, quando quer que todos os homens recuperem sua dignidade primeira. A conversão não se refere a aspectos parciais da vida, mas abarca toda a pessoa e inclui sua existência (Mt 3,8; Lc 3,10-14). A conversão é livre e, nela, Deus não viola nossa liberdade (Fernández, 2004, p. 246-249).

A conversão apresenta uma estrutura que começa com o arrependimento e continua com uma luta ascética a que o cristão se propõe para lutar para não mais pecar. A primeira condição do arrependimento é um repúdio ao orgulho. O pecado é responsável por levar o homem a não querer ver suas misérias e a não se arrepender. Também é preciso tomar certas precauções em relação ao arrependimento superficial, porque o arrependimento verdadeiro é essencialmente religioso, supõe a fé em Deus, sendo a resposta acertada que o homem pode dar a Deus. Ele é o renascimento da pessoa que deseja mudar.

O arrependimento é a dor que se sente quando se faz mal a alguém, principalmente a Deus. É uma profunda dor na alma que leva a mudar por amor. É preciso ter um firme propósito para mudar, estipular metas e cumpri-las para obter a mudança.

O verdadeiro arrependimento acontece com uma verdadeira contrição, que não se encontra no homem nem no estado de pecado em que está, mas em Deus, cujo amor e santidade foram feridos pelo pecado.

O arrependimento culmina com a vivência sacramental em Cristo por meio do batismo, com o recebimento do sacramento da penitência e da eucaristia. É preciso fazer a contrição e confessar os erros e pecados em relação aos quais se está arrependido. Para a confissão ser completa, deve existir a satisfação de se sentir perdoado, a volta da alegria na alma, a alegria e a certeza de ter sido perdoado e a graça para ter forças e lutar para continuar nesta vida regido por uma ótica diferente, pela mudança de ser outra vez filho de Deus e agir como tal (Häring, 1960, p. 530-565).

A primeira parte deste capítulo tratou das virtudes, hábitos operativos bons que ajudam o homem a ter ações de qualidade e evitar seu contrário, que são os vícios. Elas se dividem em virtudes humanas ou adquiridas, com as quais o indivíduo nasce e que desenvolve ao longo da vida, e virtudes sobrenaturais ou infusas, que são dadas por Deus por intermédio do Espírito Santo.

A segunda parte tratou do pecado, que são atos contrários a Deus e à sua vontade. Abordamos os pecados mortais e veniais, internos e externos e os pecados capitais. Por fim, o capítulo apresentou a natureza e a estrutura da conversão, por meio da qual Deus chama a uma mudança de vida e o homem responde com o arrependimento e o retorno à convivência com Deus.

Síntese

- A virtude é um hábito operativo bom, considerando-se que, conforme uma ação é repetida continuamente, constitui-se um hábito. Se tal ação for moral, o hábito será bom e será uma virtude, potencializando as faculdades internas. Se for um hábito mau, que destrói o homem, será um vício.
- As virtudes dividem-se em adquiridas (ou humanas) e infusas.
- As virtudes humanas dividem-se em intelectuais e morais. As intelectuais estão ligadas à faculdade da inteligência e são, principalmente, a sabedoria, a ciência e a prudência. Entre as virtudes morais estão as ligadas à vontade e à decisão na vida moral. As virtudes morais estao ligadas às virtudes cardeais (prudência, justiça, fortaleza e temperança). Uma pessoa pode ter virtudes intelectuais e não ter virtudes morais.
- As virtudes infusas são conhecidas como virtudes teologais e são a expressão da graça santificante na vida do cristão, o fundamento da sua relação com Deus. São três virtudes: a fé, a esperança e a caridade,

- que aumentam a relação do homem com Deus e o fazem trilhar o caminho em direção à vida bem-aventurada.
- Outra grande expressão da graça divina são os sete dons do Espírito Santo, que ajudam na vivência cristã: entendimento, ciência, sabedoria, temor a Deus, piedade, conselho e fortaleza. Há também os carismas, palavra que vem do grego e significa "favores, dom gratuito e benefícios". Os carismas são distribuídos para cada pessoa conforme o temperamento e o caráter, ou seja, são diversos e uma pessoa não precisa de vários para chegar à santidade.
- No que diz respeito à relação entre virtudes humanas e infusas, depois da realidade do pecado é necessária a ajuda de Deus a fim de crescer até mesmo nas virtudes humanas. A infusão do dom de Deus ajuda no crescimento das virtudes humanas, estabelecendo um dinamismo próprio da vida de santidade, que exige as duas formas de virtudes: infusas e humanas.
- O pecado teve diversas definições ao longo da história. Para Luño e Colom (2008), é o rompimento da comunhão com Deus. Santo Agostinho o define como aversão a Deus e conversão às criaturas, ou seja, trocar o bem ilimitado de Deus por um bem limitado em uma criatura. São Tomás de Aquino define os vícios e o pecado como algo contrário à lei eterna, seguindo as ideias de Santo Agostinho. Na visão bíblica, todo homem é pecador e o pecado é uma oposição a Deus, que é amor. Além disso, o pecado origina-se em Adão. O magistério da Igreja define o pecado como falta contra a razão, a verdade e a reta consciência.
- O pecado pode ser classificado em mortal e venial, divisão presente na tradição da Igreja e na Bíblia (1Jo 5,16-17). O pecado venial somente esfria a alma e a afasta de Deus, enquanto o mortal implica um total rompimento com Deus. O pecado mortal requer três condições: matéria grave, advertência plena e perfeito consentimento.

- Os pecados, além de externos, referentes a ações, podem ser internos, como indicado em Mt 5,28. Nesse sentido, podem ser de três tipos: pensamento consentido, desejo e satisfação pelo ato cumprido.
- É possível falar também em pecado social, no qual há uma relação entre o pecado individual e a sociedade, assim como em situações coletivas de pecado.
- Há outras classificações de pecado, como: atual e original, formal e material, ato pecaminoso e estado de pecado, pecados de ignorância, de fragilidade e de malícia, assim como os pecados carnais e espirituais e de comissão ou omissão.
- O pecado pode ter uma causa distante e remota, que seria a própria concupiscência humana, assim como uma causa próxima, que é a malícia da vontade gerada pelos vícios, que são divididos em sete pecados capitais: orgulho, avareza, luxúria, gula, preguiça, inveja e ira.
- Há também a cooperação com o mal, que pode ser material imediata, material mediata e remota. Na material imediata, ocorre a assistência direta a algum mal feito, como ajudar em um roubo; na material mediata, há uma assistência próxima, como vender o instrumento que será usado no mal. A remota se dá pela colaboração mais distante para o mal que é feito, como depositar dinheiro em um banco que financia atividades moralmente más.
- A perda do sentido de pecado e da atual crise tem diversas fontes, entre elas o secularismo, que nega a realidade do pecado e de uma moral objetiva, assim como a tendência de libertar o homem de uma moral fixa a fim de livrá-lo de um sentimento de culpa. Esses fatores causam a perda do sentido de pecado como má vivência da moralidade cristã e de falta para com Deus.
- A conversão ocorre quando, depois do pecado cometido, aparecem os efeitos danosos do pecado e a pessoa pode arrepender-se, ou seja, fazer uma contrição, e decidir tomar um novo caminho, no qual

pode falhar diversas vezes, mas com o firme propósito de mudar. A conversão consiste na renúncia ao pecado, sendo o maior obstáculo o repúdio ao orgulho. A conversão culmina no batismo, na confissão e na comunhão eucarística.

Indicações culturais

Vídeos

LITTLE Boy. Direção: Alejandro Gomez Monteverde. EUA: Universal Pictures, 2015.

Trata-se da história de um menino cujo pai é convocado para a guerra. O menino, porém, não perde a esperança de que o pai voltará.

SEVEN: os sete crimes capitais. Direção: David Fincher. EUA: PlayArte Pictures, 1995. 130 min.

O filme conta a história de dois policiais que estão atrás de um *serial killer*, que mata suas vítimas pelos pecados capitais.

Atividades de autoavaliação

1. Acerca da virtude, é correto afirmar que ela:
    a) é um hábito operativo bom que ajuda o ser humano no caminho da bem-aventurança.
    b) é um dom infuso por Deus e, portanto, não pode ser adquirida pelo esforço humano.
    c) está liga à personalidade da pessoa e, portanto, os que a têm dependem de sua condição psicológica e educação.
    d) é o estado de comunhão com Deus daqueles que vivem a lei, tanto a natural como a lei nova.

2. No que se refere às virtudes adquiridas e infusas, é **incorreto** afirmar que:
   a) as virtudes adquiridas e infusas estão relacionadas à natureza e à graça.
   b) as virtudes adquiridas são conseguidas por meio do contínuo esforço de purificação e ascese, além de vida espiritual.
   c) as virtudes infusas são quatro: prudência, justiça, fortaleza e temperança.
   d) as virtudes adquiridas são divididas em intelectuais e morais, sendo que alguém pode ter virtudes intelectuais e não ter virtudes morais, à exceção da prudência.

3. Associe corretamente os tipos de virtudes e pecados às respectivas definições:
   A) Virtudes adquiridas
   B) Virtudes infusas
   C) Pecado venial e mortal
   D) Virtudes intelectuais e morais
   E) Cooperação com o mal
   ( ) Pode ser material mediata, material imediata ou remota.
   ( ) Pode compor a comunhão com Deus totalmente ou somente esfriar a relação.
   ( ) É relacionada às faculdades do ser humano, ao intelecto e à vontade.
   ( ) É um hábito operativo bom que o ser humano adquire por meio do esforço, da ascese e na tentativa de melhorar sua vida, tanto no nível intelectual como na moral.
   ( ) Está relacionada com a vida de fé e a comunhão com Deus. Nesse sentido, abre o coração do homem para esperar em Deus, crer nele e amar ao próximo.

Assinale a alternativa correspondente à sequência obtida:
a) A, C, D, E, B.
b) E, C, D, A, B.
c) E, C, B, D, A.
d) E, B, C, A, D.

4. Com relação aos pecados, é correto afirmar que:
   a) ocorrem somente de forma externa, não podendo haver pecado cometido no coração do homem.
   b) o pecado mortal existe sob duas condições: matéria grave e pleno consentimento.
   c) o pecado carnal é mais atrativo que o espiritual, contudo o espiritual é em si mais grave.
   d) o secularismo ajudou o homem moderno a não viver constantemente um sentimento de culpa em relação aos pecados e a viver mais livre em sua relação com Deus.

5. Indique se as afirmações a seguir são verdadeiras (V) ou falsas (F) no que se refere à realidade do pecado:
   ( ) O pecado mortal quebra totalmente a comunhão com Deus, enquanto o venial causa uma degradação espiritual, mas não um rompimento total.
   ( ) Os sete pecados capitais são os princípios dos outros pecados e, por isso, devem ser combatidos com as virtudes.
   ( ) A pessoa que coopera de maneira imediata e material com o mal não é sujeita à imputabilidade moral.
   ( ) Uma das causas da crise sobre a noção de pecado é o relativismo cultural, que realiza uma crítica a uma moralidade objetiva.
   ( ) A conversão se dá essencialmente pela renúncia ao pecado e ao orgulho e pela verdadeira contrição.
   Assinale a alternativa correspondente à sequência obtida:
   a) V, F, F, V, F.
   b) F, F, V, F, F.

c) V, V, F, V, V.
d) V, V, F, V, F.

Atividades de aprendizagem

Questões para reflexão

Leia a seguir um trecho do Catecismo da Igreja Católica.

III. Os dons e os frutos do Espírito Santo

1830. A vida moral dos cristãos é sustentada pelos dons do Espírito Santo. Estes são disposições permanentes que tornam o homem dócil aos impulsos do Espírito Santo.

1831. Os sete **dons** do Espírito Santo são: sabedoria, entendimento, conselho, fortaleza, ciência, piedade e temor de Deus. Pertencem em plenitude a Cristo, filho de David. Completam e levam à perfeição as virtudes de quem os recebe. Tornam os fiéis dóceis, na obediência pronta, às inspirações divinas.

"Que o vosso espírito de bondade me conduza pelo caminho recto" (Sl 143,10). "Todos aqueles que são conduzidos pelo Espírito de Deus são filhos de Deus [...]; se somos filhos, também somos herdeiros: herdeiros de Deus, co-herdeiros de Cristo" (Rm 8,14.17).

1832. Os **frutos** do Espírito são perfeições que o Espírito Santo forma em nós, como primícias da glória eterna. A tradição da Igreja enumera doze: "caridade, alegria, paz, paciência, bondade, longanimidade, benignidade, mansidão, fidelidade, modéstia, continência, castidade" (Gl 5, 22-23 segundo a Vulgata).

Fonte: Catecismo..., 1993, grifo do original.

Agora, responda:

1. Conforme o Catecismo da Igreja Católica, qual é a relação entre a ação moral e os dons do Espírito Santo?

Leia um trecho da exortação apostólica *Reconciliatio et Paenitentia*.

Perda do sentido do pecado

18. A partir do Evangelho lido na comunhão eclesial, a consciência cristã adquiriu, no decurso das gerações, uma fina sensibilidade e uma perspicaz percepção dos **fermentos de morte** que estão contidos no pecado; sensibilidade e capacidade de percepção, também para individuar tais fermentos nas mil formas assumidas pelo pecado, nos mil carizes com que ele se apresenta. É a isto que se costuma chamar o **sentido do pecado**.

Este sentido tem a sua raiz na consciência moral do homem e é como que o seu termômetro. Anda ligado ao **sentido de Deus**, uma vez que deriva da consciência da relação que o homem tem com o mesmo Deus, como seu Criador, Senhor e Pai. E assim como não se pode apagar completamente o sentido de Deus nem extinguir a consciência, também não se dissipa nunca inteiramente o sentido do pecado.

Entretanto, não raro no decurso da história, por períodos mais ou menos longos e sob o influxo de múltiplos fatores, acontece ficar gravemente obscurecida a consciência moral em muitos homens. "Temos nós uma ideia justa da consciência?" – perguntava eu há dois anos num colóquio com os fiéis – "Não vive o homem contemporâneo sob a ameaça de um eclipse da consciência, de uma deformação da consciência e de um entorpecimento ou duma "anestesia" das consciências?". Demasiados sinais indicam que no nosso tempo existe tal eclipse, tanto mais inquietante quanto esta consciência, definida pelo Concílio como "o núcleo mais secreto e o sacrário do homem", anda "estreitamente ligada à liberdade do homem (...). Por isso, a consciência, com relevância principal, está na base da dignidade interior do homem e ao mesmo tempo, da sua relação com Deus". É inevitável, portanto, que nesta situação fique obnubilado também o sentido do pecado, o qual está intimamente ligado à consciência moral, à procura da verdade e à vontade de fazer um uso responsável da liberdade. Conjuntamente com a consciência, fica também obscurecido o sentido de Deus, e então, perdido este decisivo ponto de referência interior, desaparece o sentido do pecado. Foi este o motivo por que o meu predecessor Pio XII, com palavras que se tornaram quase proverbiais, pôde declarar um dia que "o pecado do século é a perda do sentido do pecado".

Por que este fenômeno no nosso tempo? Uma vista de olhos de alguns componentes da cultura contemporânea pode ajudar-nos a compreender a atenuação progressiva do sentido do pecado, exatamente por causa da crise da consciência e do sentido de Deus, acima realçada.

O "secularismo", que, pela sua própria natureza e definição, é um movimento de ideias e de costumes, o qual propugna um humanismo que abstrai de Deus totalmente, concentrado só no culto do empreender e do produzir e arrastado pela embriaguez do consumo e do prazer, sem preocupações com o perigo de "perder a própria alma", não pode deixar de minar o sentido do pecado. Reduzir-se-á este último, quando muito, àquilo que ofende o homem. Mas é precisamente aqui que se impõe a amarga experiência a que já aludia na minha primeira encíclica; ou seja, que o homem pode construir um mundo sem Deus, mas esse mundo acabará por voltar-se contra o mesmo homem. Na realidade, Deus é a origem e o fim supremo do homem e este leva consigo um gérmen divino. Por isso, é a

> realidade de Deus, que desvenda e ilumina o mistério do homem. É inútil, pois, esperar que ganhe consistência um sentido do pecado, no que respeita ao homem e aos valores humanos, quando falta o sentido da ofensa cometida contra Deus, isto é, o verdadeiro sentido do pecado.

Fonte: João Paulo II, 1984, grifo do original.

Agora, responda:

2. Conforme a exortação apostólica *Reconciliatio et Paenitentia*, quais são as causas da perda do sentido do pecado?

Considerações finais

Ao chegarmos ao fim desta obra, resta a certeza de termos cumprido nosso objetivo ao escrever sobre a moral fundamental, tema importante para os dias de hoje, em que as pessoas estão confusas e não sabem ao certo se a vida que levam está certa ou não e se o comportamento em sociedade ou na comunidade corresponde à vida cristã.

Procuramos mostrar uma visão da teologia moral tendo como referência a antropologia, que procura responder aos problemas existenciais do homem em sua vida cotidiana em um contexto de normalidade.

O leitor poderá se perguntar: Por que utilizar a teologia clássica para uma exposição da teologia moral em pleno século XXI? Entendemos que a teologia clássica, a patrística e a escolástica, ainda e sempre, respondem aos problemas e à angústia do homem do século XXI, bem como aos problemas pastorais da teologia moral que cercam o indivíduo em sua totalidade.

Este escrito de moral fundamental procurou colocar o aluno de teologia em contato com conceitos objetivos, para que possa elaborar um pensamento moral que abarque a realidade em que vivemos e encontrar respostas que apaziguem o coração do homem.

Esperamos, com este livro, ter contribuído para diminuir um pouco o medo de se estudar teologia moral e contribuído para superar a visão que muitos têm sobre a moral como uma mistura de cautela, ação movida pelo medo e por uma obediência aos próprios desejos subjetivos que não levam em conta o que diz a consciência.

É necessário pensar na lei moral não somente como uma obrigação cega, mas pedagógica, e, por meio da educação, entender por que não se pode agir de determinada forma ou por que uma ação foi feita. Não podemos viver nos equilibrando entre o proibido e o permitido, e sim ter a clareza de que uma educação moral pode levar o ser humano a recuperar sua dignidade.

Por fim, esperamos que este livro sirva para motivar o leitor a estudar o ser humano em seu aspecto moral e possa despertar em todos um amor único e verdadeiro pela teologia moral.

Lista de siglas

CIC	Catecismo da Igreja Católica
DH	Declaração *Dignitatis Humanae* sobre a Liberdade Religiosa
DV	Constituição Dogmática *Dei Verbum* sobre a Revelação Divina
GS	Constituição Pastoral *Gaudium et Spes* sobre a Igreja no Mundo Atual
LG	Constituição Dogmática *Lumen Gentium* sobre a Igreja
OT	Declaração *Optatam Totius* sobre a Formação Sacerdotal
RP	Exortação Apostólica Pós-Sinodal *Reconciliatio et Paenitentia*
VS	Carta Encíclica *Veritatis Splendor*

Referências

ABBÀ, G. Quale impostazione per la filosofia morale? Ricerche di filosofia morale 1. Roma: Las, 1995.

_____. Felicitá, vita buona e virtú. Roma: Las, 1989.

ALBERTUNI, C. A. Sindérese, o *intellectus principiorum* da razão prática segundo Tomás de Aquino. Veritas, v. 56, n. 2, p. 141-164, maio/ago. 2011.

A LEI moral 3: o esplendor da verdade. 2 mar. 2010. Disponível em: <https://suma teologica.wordpress.com/tag/lei-moral/>. Acesso em: 22 dez. 2018.

ANGELINI, G. Teologia morale fondamentale: tradizione, scrittura e teoria. Milano: Edizione Glossa,1999.

ARISTÓTELES. Ética a Nicômaco. Brasília: Ed. da UnB, 1985.

AUER, A. Morale autonoma e fede cristiana. Milano: Pauline, 1991.

BÖCKLE, F. I concetti fondamentali della morale. Brescia: Queriniana, 1968.

BORDINI, G. A teologia moral de Servais Pinckaers. Tese (Doutorado em Teologia) – Pontifícia Universidade da Santa Cruz, Roma, 2011.

BORDINI, G. A ideologia de gênero e suas consequências para a sociedade contemporânea. **Studium**: revista teológica, Curitiba, ano 9, n. 15, p. 39-54, 2015.

BRUGUÈS, J.-L. San Tommaso, la morale e I moralisti. In: MELINA, L.; KAMPOWSKI, S. **Come insegnare teologia morale?** Prospettive di rinnovamento nelle recenti proposte di esposizione sistematica. Siena: Cantagalli, 2009.

_____. **Corso di teologia morale fondamentale**. Bologna: Studio Dominicano, 2004a. v. 1: Che cosa è la morale e a che cosa serve.

_____. **Corso di teologia morale fondamentale**. Bologna: Studio Dominicano, 2004b. v. 2: Le fonti della morale e le tappe storiche.

_____. **Dizionario di morale cattolica**. Bologna: Studio Dominicano, 1994.

CARDINI, L. Azione Cattolica. In: **Enciclopedia Cattolica II**. Firenze: Casa Editrice G. C. Sansoni, 1949. p. 593-598.

CATECISMO da Igreja Católica. Petrópolis: Vozes, 1993.

CONCÍLIO VATICANO II. **Dei Verbum**. Roma, 18 nov. 1965. Disponível em: <http://www.vatican.va/archive/hist_councils/ii_vatican_council/documents/vat-ii_const_19651118_dei-verbum_po.html>. Acesso em: 10 abr. 2019.

_____. **Dignitatis Humanae**. Roma, 7 dez. 1965. Disponível em: <http://www.vatican.va/archive/hist_councils/ii_vatican_council/documents/vat-ii_decl_19651207_dignitatis-humanae_po.html>. Acesso em: 10 abr. 2019.

_____. **Gaudium et Spes**. Roma, 7 dez. 1965. Disponível em: <www.vatican.va/archive/hist_councils/ii_vatican_council/documents/vat-ii_const_19651207_gaudium-et-spes_po.html>. Acesso em: 10 abr. 2019.

_____. **Lumen Gentium**. Roma, 21 nov. 1964. Disponível em: <http://www.vatican.va/archive/hist_councils/ii_vatican_council/documents/vat-ii_const_19641121_lumen-gentium_po.html>. Acesso em: 10 abr. 2019.

_____. **Optatam Totius**. Vaticano, 28 out. 1965. Disponível em: <http://www.vatican.va/archive/hist_councils/ii_vatican_council/documents/vat-ii_decree_19651028_optatam-totius_po.html>. Acesso em: 10 abr. 2019.

DIDAQUÉ: catecismo dos primeiros cristãos. Introdução, tradução do original grego e comentários de Urbano Ziles. Petrópolis: Vozes, 1986.

FERNÁNDEZ, A. **Diccionario de teología moral**. Burgos: Monte Carmelo, 2005.

FERNÁNDEZ, A. **La reforma de la teología moral**: medio siglo de historia. Burgos: Aldecoa, 1997.

_____. **Moral fundamental**: iniciação teológica. Lisboa: Diel, 2004.

_____. **Teología moral**. Burgos: Aldecoa, 1992. v. I: Moral fundamental.

FUCHS, J. Morale théologique et morale de situation. **Nouvelle Revue Théologique**, n. 7, p. 1073-1085, 1954.

_____. **Responsabilità personale e norma morale**. Bologna: EDB, 1978.

GERARDI, E. **Storia della morale**: interpretazione teologiche dell'esperienza cristiana. Bologna: EDB, 2003.

HÄRING, B. **A lei de Cristo**. São Paulo: Herder, 1960. v. 1.

HARO, R. G. **La vita cristiana**. Pamplona: Ediciones Universidad de Navarra, 1992.

JOÃO PAULO II, Papa. **Reconciliatio et Paenitentia**. Roma, 2 dez. 1984. Disponível em: <http://w2.vatican.va/content/john-paul-ii/pt/apost_exhortations/documents/hf_jp-ii_exh_02121984_reconciliatio-et-paenitentia.html>. Acesso em: 10 abr. 2019.

JOÃO PAULO II, Papa. **Veritatis Splendor**. Roma, 6 ago. 1993. Disponível em: <w2.vatican.va/content/john-paul-ii/pt/encyclicals/documents/hf_jp-ii_enc_06081993_veritatis-splendor.html>. Acesso em: 10 abr. 2019.

JOLIVET, R. **Os atos humanos**: curso de filosofia de Jolivet. Disponível em: <https://pt.scribd.com/doc/4753406/curso-de-filosofia-regis-jolivet>.

KANT, I. **Crítica da razão prática**. São Paulo: eBooksBrasil, 1959. Disponível em: <www.marxists.org/portugues/kant/1788/mes/pratica.pdf>. Acesso em: 10 abr. 2019.

KIERKEGAARD, S. **Mi punto de vista**. Madrid: Sarpe, 1985.

KONZEN, J. **Ética teológica fundamental**. São Paulo: Paulinas, 2007.

LEÃO XIII, Papa. **Aeterni Patris**. Roma, 4 ago. 1879. Disponível em: <https://w2.vatican.va/content/leo-xiii/es/encyclicals/documents/hf_l-xiii_enc_04081879_aeterni-patris.html>. Acesso em: 10 abr. 2019.

LIGÓRIO, A. M. **Compêndio della teologia morale**. Torino: Societá Editrice Internazionale, 1936.

LUÑO, A. R. **A liberdade, a lei e a consciência**. Disponível em: <https://opusdei.org/pt-br/article/tema-26-a-liberdade-a-lei-e-a-consciencia/>. Acesso em: 10 abr. 2019.

LUÑO, A. R.; COLOM, E. **Scelti in Cristo per essere santi**: elementi di teologia morale fondamentale. Roma: Edusc, 2008.

MARÍAS, J. **História da filosofia**. São Paulo: M. Fontes, 2004.

MAUSBACH, G. **Teologia morale**. Alba: Edizione Pauline,1957.

MELINA, L.; NORIEGA, J.; PÉREZ-SOBA, J. J. **Camminare nella luce dell'amore**: I fondamenti della morale cristiana. Siena: Cantagalli, 2008.

MIFSUD, T. **Moral fundamental**: el discernimiento cristiano. Santa Fé de Bogotá: Conselho Episcopal Latino-Americano,1996.

MORAES, T. M. et al. **Wundt**. 24 jun. 2014. Disponível em: <https://prezi.com/vyw-8zeppasg/wundt/>. Acesso em: 10 abr. 2019.

NEWMAN, J. H. **Lettera al Duca di Norfolk**: coscienza e libertà. Milano: Pauline, 1999.

OCKHAM, W. **Quodlibetal questions**. New Haven: Yale University Press, 1991. 2 v.

PETRÁ, B. Teologia morale. In: CANOBBIO, G; CODA, P. **La teologia del XX secolo um bilancio**. v. III. Prospettive pratiche. Roma: Cittá Nuova, 2003.

PIEPER, J. **Virtudes fundamentais**. Lisboa: Aster, 1960.

PINCKAERS, S. **Pour une lecture de *Veritatis Splendor***. Paris: Mame, 1995.

_____. **Las fuentes de la moral cristiana**: su método, su contenido, su historia. Pamplona: Ed. da Universidad de Navarra, 1988.

_____. La question des actes intrinsèquement mauvais et le "proportionnalisme". **Revue Tomiste** n. 82, p. 181-212, 1982.

_____. Qu'est ce que la liberté? **Evangéliser**, v. 18, p. 332-350, 1964.

PLÉ, A. Os hábitos e as virtudes. In: **Suma Teológica**: I Seção da II Parte – questões 49-114. São Paulo: Loyola, 2005. p. 35. v. IV.

PONTIFÍCIA COMISSÃO BÍBLICA. **Bíblia e moral**: raízes bíblicas do agir cristão. Cittá del Vaticano: Libreria Editrice Vaticana, 2008. Disponível em: <http://www.vatican.va/roman_curia/congregations/cfaith/pcb_documents/rc_con_cfaith_doc_20080511_bibbia-e-morale_po.html>. Acesso em: 10 abr. 2019.

PRUMMER, D. **Manuale theologiae moralis**. Barcelona: Herder, 1946. Tomo I.

RAHNER, K. **Escritos de teología**. Madrid: Taurus, 1961. Tomo II.

REALE, G.; ANTISERI, D. **História da filosofia**: do romantismo ao empiriocriticismo. São Paulo: Paulus, 2007.

ROYO MARIN, A. **Teología moral para seglares**: moral fundamental y especial. Madrid: BAC, 1986.

SADA, R.; MONROY, A. **Curso de teologia moral**. Lisboa: Rei dos Livros, 1989.

SARTRE, J.-P. **L'existencialisme est un humanisme**. Paris: Les Éditions Nagel, 1946.

THILS, G. **Théologie des réalités terrestres**. Louvain: Desclée de Brouwer, 1946. I: Préludes.

TOMÁS DE AQUINO. **Comentário a la *Ética a Nicómaco*** : Livro I, Lição 1. Pamplona: Eunsa, 2010.

_____. **Suma Teológica**: I Parte - questões 44-119. São Paulo: Loyola, 2002. v. II.

_____. **Suma Teológica**: I Seção da II Parte - questões 1-48. São Paulo: Loyola, 2003. v. III.

_____. **Suma Teológica**: I Seção da II Parte - questões 49-114. São Paulo: Loyola, 2005a. v. IV.

_____. **Suma Teológica**: II Seção da II Parte - questões 1-56. São Paulo: Loyola, 2005b. v. V.

_____. **Suma Teológica**: II Seção da II Parte - questões 57-122. São Paulo: Loyola, 2006. v. VI.

VAZ, H. C. de L. **Escritos de filosofia II**: ética e cultura. São Paulo: Loyola, 1988.

Bibliografia comentada

FERNÁNDEZ, A. **Diccionário de teologia moral**. Burgos: Monte Carmelo, 2005.

Das muitas obras de Aurelio Fernández sobre teologia moral, destaca-se esta, que, em seus mais de dois mil verbetes, expõe toda a moral fundamental, a bioética e a doutrina social da Igreja.

GERARDI, E. **Storia della morale**: interpretazione teologiche dell'esperienza cristiana. Bologna: EDB, 2003.

O livro apresenta um relato cronológico dos acontecimentos da história da teologia moral, desde o pensamento moral dos padres apostólicos até a atualidade.

HÄRING, B. **A lei de Cristo**. São Paulo. Herder, 1964. v. 1.

Esse volume trata da moral fundamental na perspectiva da lei do amor trazida por Cristo, que influencia o agir do homem, sua liberdade e sua consciência e chama a viver as virtudes e a renunciar ao pecado.

HARO, R. G. de. **La vita cristiana**. Pamplona: Ediciones Universidad de Navarra, 1992.

Neste livro, Ramón García de Haro expõe a moralidade clássica de São Tomás de Aquino e de Servais Pinckaers, apresentando a moralidade por meio das teses clássicas.

LIGÓRIO, A. M. **Compendio della teologia morale**. Torino: Societá Editrice Internazionale, 1935.

A obra compila todo o pensamento do autor em relação à moral na pespectiva do equiprobabilismo. Trata das ações humanas, da liberdade e da consciência e termina com uma abordagem sobre os dez mandamentos.

LUÑO, A. R.; COLOM, E. **Scelti in Cristo per essere santi**. Roma: Edusc, 2008.

Nesse livro, cujo título em português é *Livres em Cristo para serem santos*, Ángel Rodríguez Luño e Enrique Colom apresentam uma visão sistemática da teologia moral tendo como pano de fundo a filiação divina e a busca do homem pela santidade.

PINCKAERS, S. **Las fuentes de la moral cristiana**: su método, su contenido, su historia. Pamplona: Ed. da Universidad de Navarra, 1988.

O livro é um compilado de artigos do fim da década de 1950 e apresenta a teologia moral como ciência, buscando uma especificação católica da moral, principalmente com o retorno às suas fontes.

TOMÁS DE AQUINO. **Suma Teológica**: : I Seção da II Parte – questões 49-114. São Paulo: Loyola, 2005. v. IV.

TOMÁS DE AQUINO. **Suma Teológica**: II Seção da II Parte – questões 57-122. São Paulo: Loyola, 2006. v. VI.

Na *Prima Segunda* da *Suma Teológica*, São Tomás de Aquino expõe a teologia moral e a ideia do homem criado à imagem e semelhança de Deus e discute os tratados da teologia moral sob uma visão antropológica.

Respostas

Capítulo 1
Atividades de autoavaliação
1. d
2. b
3. d
4. d
5. b

Capítulo 2
Atividades de autoavaliação
1. b
2. d
3. a
4. c
5. a

Capítulo 3
Atividades de autoavaliação
1. b
2. c
3. d
4. A liberdade apresenta as seguintes características: é possível enquanto o homem pode voltar-se a si mesmo e tomar decisões; é limitada, pois o homem é limitado; é condicionada; pode ser determinada por agentes estranhos à vontade, como a violência; está ligada a algumas necessidades e responsabilidades que demonstram a capacidade de liberdade humana.
5. Resposta pessoal.

Capítulo 4
Atividades de autoavaliação
1. c
2. d
3. b
4. A lei civil realiza ordenamentos que podem ou não ser coerentes com a lei eterna. Nesse sentido, é possível haver uma desobediência que não implique pecado, visto que há uma hierarquia. No caso de conflito de leis, o homem pode, moralmente, desobedecer a uma lei civil a fim de não infringir uma lei natural.
5. Resposta pessoal.

Capítulo 5
Atividades de autoavaliação
1. c
2. a
3. d

4. A ignorância pode ocasionar o erro na consciência, podendo-se dividir em vencível e invencível. É vencível quando a pessoa não quer saber alguma coisa, omitindo-se com relação à verdade; nesse caso, há imputabilidade moral sobre as ações. Por outro lado, é invencível quando há alguma informação ou formação que foge à possibilidade do querer do indivíduo, ou seja, não há liberdade para se desejar aquilo e, portanto, não há imputabilidade moral.

As dúvidas e as deformações na consciência também podem provocar o erro na consciência. As dúvidas podem ocorrer, por exemplo, quando a pessoa não tem certeza daquilo que fala, se algo é calúnia ou verdade, ou se determinada lei existe ou não. A dúvida também pode ser fruto de um estado da mente no qual, pelo processo do conhecer, gera-se a dúvida que interfere no juízo moral. Quando provocada em virtude de deformação na consciência, a dúvida pode apresentar origem psicológica ou insuficiente formação teológica.

5. A consciência pode emitir juízos errôneos e que não condizem com a vida moral e a lei eterna, se em sua formação ela não foi propriamente educada. Um exemplo disso seria um jovem que desde criança vê na televisão discussões sobre a questão da separação e, com o tempo, acredita não haver problema na separação matrimonial se o casal não está feliz. Nesse sentido, há uma má-formação da consciência em relação ao valor do matrimônio.

Capítulo 6
Atividades de autoavaliação
1. a
2. c
3. b
4. c
5. c

Sobre o outor

Gilberto Aurélio Bordini é sacerdote da Arquidiocese de Curitiba, com mestrado e doutorado em Teologia Moral. Atualmente, é professor de Moral Fundamental e Doutrina Social da Igreja nas Faculdades Claretianas e coordenador do curso de Teologia Católica do Centro Universitário Internacional Uninter.

Impressão:
Maio/2019